ESPRESSO
BIBLE

에스프레소 바이블
ESPRESSO BIBLE

에스프레소의 기본부터 실전까지

안재혁 · 신창호

Prologue

오랜 시간 커피업계에 종사하면서 무수히 많은 커피 도서를 접했지만 선배로서 이제 막 바리스타의 세계에 입문한 초보자들과 학생들에게 추천할 만한 에스프레소 책은 마땅치 않았다. 보통 저자가 자신의 연구 결과를 정리한 번역서거나 이론 위주의 전문서라 실전에 적용하기가 생각보다 까다로웠기 때문이다.

에스프레소 추출은 커피머신만 작동할 줄 알면 된다고 생각하는 사람도 있다. 하지만 겉으로 보기에 똑같은 생두도 실제로는 태생부터 다르며, 이를 누가 어떻게 가공하는지에 따라 추출했을 때의 맛도 천차만별이다. 심지어 로스팅된 원두는 시간이 흐르면 자연적으로 성질이 변하고, 커피추출 장비와 여러 조건에 따라서도 맛에 차이가 난다. 커피체리가 한 잔의 커피가 되어 우리에게 오는 데 마지막 관문인 추출이 유독 중요한 이유가 바로 여기에 있다. 다양한 추출 조건이 복잡하게 작용하는 가운데 바리스타 스스로 자신만의 기준을 세우고 있어야 원하는 결과를 얻을 수 있는 것이다.

바리스타로서 에스프레소를 탐구해야 하는 이유는 궁극적으로 맛있는 커피를 일정하게 만들기 위해서다. 그래서 우리는 바리스타들이 에스프레소에 보다 쉽고 정확하게 다가갈 수 있도록 이 책을 기획했다. 현실과 동떨어진 원론적인 얘기나 지나치게 과학적인 접근은 피하고, 에스프레소의 퀄리티를 결정하는 요소인 각종 장비와 물, 우유, 얼음 같은 주요 부재료를 유기적으로 이해할 수 있도록 전반적인 내용을 다뤘다. 여기에 그동안 현장에서 바리스타로 활동하며 익힌 우리만의 노하우를 바탕으로 에스프레소 추출과정과 그라인딩, 밀크 스티밍, 커피 레시피 등 바리스타가 반드시 알아두어야 할 기초 지식과 응용에 관한 체계적인 설명을 더했다.

또한 틀에 박힌 에스프레소 가이드 북에서 벗어나고자 최신 트렌드를 반영하고 내용에 차별화를 시도했다. 최근 프로페셔널 바리스타들의 네트워크를 중심으로 화두가 된 파츠*parts*와 TDS, 추출수율 등의 개념을 골고루 짚어보고, 그것이 맛에 미치는 영향을 직접 진행한 실험 결과를 토대로 정리했다. 나아가 에스프레소의 완성도를 높이는 데 필수나 다름없는 주요 추출 변수에 대한 상세 설명도 잊지 않았다.

마지막으로 에스프레소를 베이스로 하는 35가지 커피메뉴 레시피도 소개했다. 레시피에 오차가 발생하는 것을 최소화하기 위해 테스트에 사용한 원두의 상세 정보와 맛을 살리는 팁도 세심하게 표기했다.

하루에도 수없이 생기고 사라지는 카페들 사이에서 끝까지 살아남는 것은 결국 커피가 맛있는 곳이다. 하지만 매장에서 근무하는 바리스타와 카페 오너 대부분이 명확한 지침 없이 막연하게 메뉴를 준비하는 것이 현실이다. 그로 인해 음료의 퀄리티는 점점 떨어지고, 손님들에게도 큰 만족을 주지 못한다.

그래서 우리는 이 책을 통해 에스프레소 추출과 커피메뉴를 최대한 심층적이고 실질적으로 다루려고 노력했다. 바리스타들이 각자에게 주어진 상황에서 최선의 추출이 무엇인지 고민하고 올바르게 판단하여 실전에 적극적으로 활용할 수 있기를 바란다. 〈에스프레소 바이블〉이 초보 바리스타와 카페 창업자를 비롯하여 자신의 에스프레소 추출 기술을 업그레이드하고 싶은 현직 바리스타, 커피메뉴의 품질 향상을 원하는 카페 오너에게 완벽한 에스프레소에 한 발짝 다가서는 계기가 되었으면 한다.

COFFEE EXTRACTION

01 Understanding Espresso
에스프레소의 이해

- 012 ── 에스프레소란?
- 014 ── 에스프레소 커피머신
- 016 ── 그라인더

02 Espresso Extraction & Milk Steaming
에스프레소 추출과 밀크 스티밍

- 020 ── 에스프레소 추출
- 022 ── 밀크 스티밍

03 Parts
파츠

- 032 ── 파츠
- 033 ── 탬퍼
- 040 ── 버
- 045 ── 필터 바스켓

04 Espresso Extraction Variables
에스프레소 추출변수

- 052 ── 로스팅 포인트
- 055 ── 도징 양
- 057 ── 입자 크기
- 060 ── 추출수의 온도
- 063 ── 추출압력

05 TDS

- 066 ── TDS란?
- 068 ── TDS 측정기
- 069 ── TDS 측정방법

06 Brewing Ratio
추출수율

- 073 ── 추출수율의 개념
- 074 ── 브루잉 컨트롤 차트와 골든컵의 이해
- 078 ── 실전 테스트

07 Understanding Basic Ingredients
기본 재료의 이해

- 084 ── 물
- 090 ── 우유
- 095 ── 얼음
- 098 ── 부재료

COFFEE MENU

01 Espresso
모든 커피메뉴의 기본, 에스프레소

- 104 — 레시피에 사용한 블랜드
- 105 — 에스프레소의 종류

02 Not Required Sub Ingredients
부재료를 사용하지 않는 커피메뉴

- 108 — 아메리카노
- 109 — 아이스 아메리카노
- 110 — 카페 라떼
- 111 — 아이스 카페 라떼
- 112 — 카푸치노
- 114 — 아이스 카푸치노
- 115 — 에스프레소 마끼아또
- 116 — 샤커레토

03 Required Sub Ingredients
부재료를 사용하는 커피메뉴

- 120 — 카페 모카
- 122 — 아이스 카페 모카
- 123 — 에스프레소 콘 파냐
- 124 — 바닐라 라떼
- 125 — 아이스 바닐라 라떼
- 126 — 캐러멜 라떼 마끼아또
- 127 — 아이스 캐러멜 라떼 마끼아또

04 Special Feature By Country
나라별 특색 있는 커피메뉴

- 130 — 플랫 화이트
- 131 — 콜타도
- 132 — 갈라오
- 133 — 카페 봉봉
- 134 — 비엔나 커피
- 135 — 커피 샷
- 136 — 카페 콘 미엘

05 Beverage
베버리지 메뉴

- 140 — 그린티 프레소
- 142 — 모카 블렌더
- 143 — 얼그레이 아메리카노

06 Coffee Cocktail
커피 칵테일 메뉴

- 146 — 아이리시 커피
- 147 — 카페 로얄
- 148 — 라떼 마티니
- 150 — 에스프레소 콘 비라
- 151 — 깔루아 커피

07 Secret Menu
시크릿 메뉴

- 154 — 쿨 식스
- 155 — 뉴 에그녹
- 156 — 아로마 모카
- 157 — 더치 블랙&화이트
- 158 — 2010 창작메뉴

UNDER-STANDING ESPRESSO

에스프레소의 이해

ESPRESSO

에스프레소란?

에스프레소는 '빠르다'는 뜻을 지닌 이탈리아어로, 분쇄원두에 높은 압력을 가해 짧은 시간에 추출한 진한 이탈리아식 커피를 말한다. 에스프레소 커피머신을 이용해 추출할 수 있으며, 보통은 7g의 분쇄원두와 93℃ 전후의 물, 그리고 9bar 정도의 압력으로 20~30초 안에 약 30ml의 커피를 뽑아낸다. 에스프레소는 브루잉 커피에 비해 추출시간이 짧아 상대적으로 카페인 함량이 적고, 커피성분이 농축되어 있는 만큼 본연의 맛과 향을 진하게 느낄 수 있다.

Extraction Conditions
에스프레소 추출조건

- ☐ 분쇄원두 7~8g
- ☐ 9~10bar의 압력
- ☐ 91~95℃의 물
- ☐ 추출시간 20~30초
- ☐ 추출량 30ml 내외

Crema
크레마

에스프레소를 추출하면 흔히 크레마라고 하는 적갈색 크림층이 표면에 생기는데, 이는 커피의 오일 성분으로 다양한 향미를 담고 있다. 크레마의 색감과 상태를 보면 에스프레소가 잘 추출됐는지 알 수 있다.

- ☐ *flavor*
- ☐ *coffee oil*
- ☐ *reddish brown*

ESPRESSO EXTRACTION

ESPRESSO COFFEE MACHINE

에스프레소 커피머신

최근 들어서 뛰어난 기능과 디자인을 겸비한 하이엔드급 커피머신이 늘고 있는 추세다. 이러한 머신은 카페의 훌륭한 디스플레이 요소일뿐만 아니라 압력과 유속, 온도 등 바리스타가 컨트롤할 수 있는 에스프레소 프로파일의 범위를 넓혔다는 장점이 있다. 하지만 아무리 비싸고 성능이 좋은 머신도 바리스타가 얼마나 정확히 이해하고 능숙하게 다루는지에 따라 활용도가 천차만별이기 때문에 바리스타의 역량은 더욱 중요해지고 있다.

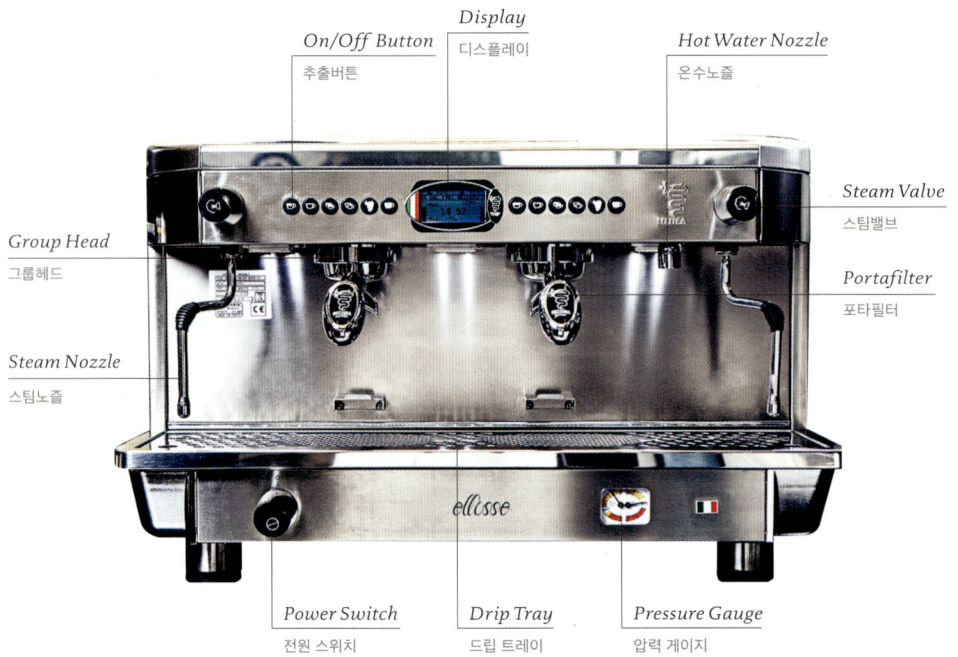

패들 *Paddle*

수동 *Manual*

커피머신의 종류는 작동 방식에 따라 크게 자동, 반자동, 수동으로 나뉘며 흔히 말하는 머신은 반자동 방식을 가리킨다. 자동 머신은 호텔이나 레스토랑 등 커피가 메인 메뉴가 아닌 샵에서 선호한다. 반자동 머신은 버튼부터 패들까지 다양한 형태로 제작되고 있으며 디자인적인 요소도 나날이 더해지고 있다. 수동은 레버로 추출수의 양을 조절하는 머신을 말한다. 이 방식은 바리스타가 추출을 할 때마다 일일이 물량을 맞춰야 하기 때문에 바쁜 매장에서는 실용성이 떨어지며, 머신 위쪽의 워머 부분이 상대적으로 좁아서 공간 활용도가 높지 않다는 것이 단점이다. 하지만 외관에서 느껴지는 특유의 앤티크한 분위기가 있다.

Tip for buying
커피머신 구입 요령

커피머신을 선택할 때는 먼저 카페의 컨셉과 목적을 분명히 해야 한다. 무조건 고가에 사양이 높은 장비를 마련하는 것이 정답은 아니다. 머신은 종류에 따라 저렴한 것은 500~800만원, 중간은 800~1,200만원, 비싸면 1,200~2,500만원 수준이다. 다양한 제품이 출시되어 있는 만큼 카페를 오픈할 때 어떤 머신을 구입하느냐에 따라 예산의 변동이 커질 수밖에 없다.

커피머신 구입 시 고려할 것

☐ 창업자금

☐ 제품사양

☐ 추출의 안정성

☐ 바리스타의 추출 실력

☐ 카페의 일일 예상 판매량

☐ 인테리어 컨셉

☐ 판매처의 사후서비스

커피머신 구입 과정

☐ 첫 번째 방법

1. 예산에 맞는 커피머신을 알아본 다음 리스트를 작성한다.
2. 이 중에서 원하는 머신으로 후보를 정한다.
3. 각 머신들의 공식 수입원을 방문해 실제 모습을 확인하고 직접 다뤄본다.
4. 가격과 외관, 편의성 등을 고려해 최종 결정한다.

☐ 두 번째 방법

1. 갖고 싶은 커피머신을 작동 방식(자동, 반자동, 수동)별로 세 개씩 선별한다.
2. 머신의 사양과 가격을 따져본 후 한 가지를 선택한다.
3. 정말로, 꼭 필요한 머신인지 다시 한 번 생각한다.
4. 결정했다면 공식 수입원을 통해 구매한다.

GRINDER

그라인더

에스프레소 추출에 있어서 커피머신 못지않게 중요한 장비가 바로 그라인더다. 그라인더에도 여러 종류가 있는데, 바리스타가 어느 부분에 중점을 두고 추출할 것인지에 따라서 다양하게 선택할 수 있다. 그라인더의 작동 방식이 수동인지 자동인지, 버*burr*의 형태가 플랫*flat*인지 코니컬*cornical*인지에 따라서 추출 결과가 달라지며, 분쇄원두의 입자가 고르고 뭉침 현상이 없는지, 유지관리는 수월한지도 선택 기준이 된다.

Hopper Lid — 호퍼 뚜껑
Hopper — 호퍼
Hopper Gate — 호퍼 게이트
Particle Adjusting Lever — 입자 조절나사
Doser — 도우저
Portafilter Stand — 포타필터 거치대
Power Switch — 전원 스위치

수동 *Manual*

자동 *Automatic*

그라인더의 유형에는 대표적으로 수동과 자동이 있다. 수동은 바리스타가 직접 도징 양을 조절하는 방식으로, 매번 동일한 맛을 내려면 포타필터에 분쇄 원두를 일정한 패턴으로 담아야 한다. 하지만 바쁘게 돌아가는 카페의 특성상 이를 지키는 것이 생각보다 쉽진 않다. 이러한 문제를 보완하기 위해 자동 그라인더가 개발됐으며, 여기에는 타이머가 내장돼 있어서 간편하게 도징 양을 맞출 수 있다. 커피 맛의 편차가 적기 때문에 많은 바리스타들이 선호한다.

ESPRESSO EXTRACTION & MILK STEAMING

에스프레소 추출과 밀크 스티밍

ESPRESSO EXTRACTION

에스프레소 추출

❶ 온수버튼을 눌러 데미타세에 뜨거운 물을 받고 예열한다. ❷ 린넨으로 데미타세에 남아있는 물기를 완전히 제거한다. ❸ 린넨을 이용해 포타필터를 깨끗이 닦는다. ❹ 원두 19g을 분쇄한 후 필터 바스켓에 담는다. ❺ 레벨링(leveling, 손가락을 좌우로 움직여 필터 바스켓 표면에 쌓인 분쇄원두의 수평을 맞추는 작업)을 한다. 레벨링의 필요성에 대해선 여러 의견이 있지만 이 과정을 거치지 않으면 필터 바스켓에 담긴 분쇄원두의 밀도가 균일하지 않아 채널링(channeling, 추출수가 골고루 스며들지 못해서 분쇄원두의 밀도가 낮은 쪽만 추출이 일어나는 것) 현상이 나타나거나 커피성분이 일정하게 추출되지 않을 가능성이 있다.

❻ 탬퍼를 사용해 탬핑(tamping, 포타필터에 분쇄원두를 담은 후 고르게 다지는 것)을 한다. 탬핑을 할 때는 포타필터와 탬퍼, 팔이 일직선상에 있는 자세여야 한다. 탬핑 세기에 따라서도 추출속도가 달라지는데, 탬핑이 너무 약하면 분쇄원두가 쉽게 흐트러져 추출속도가 빨라지고, 반대로 너무 강하면 물이 분쇄원두를 통과하기가 어려워 추출속도는 느려지고 커피성분은 과다추출된다. 때문에 분쇄원두의 양과 분쇄도에 맞춰 탬핑의 강도를 조절해야 한다. ❼ 추출버튼을 눌러 열수 흘리기를 한다. 머신마다 편차가 있긴 하지만 간혹 세팅한 것보다 높은 온도의 물이 끓는 소리를 내며 나오는 경우가 있다. 이럴 때는 추출 전에 물을 한 번 빼서 일정한 온도로 안정적인 추출이 이루어질 수 있게 한다. 열수 흘리기는 그룹헤드의 샤워 스크린에 붙어있는 커피 찌꺼기를 없애는 효과도 있다.

❽ 포타필터를 그룹헤드에 장착하고 곧바로 추출버튼을 누른다. 이때는 최대한 포타필터에 충격이 가지 않도록 주의한다. 포타필터를 끼운 즉시 추출버튼을 누르지 않으면 그룹헤드 내부의 열 때문에 분쇄원두가 금세 화학변화를 일으킬 수 있다. 추출버튼을 누르고 난 후 본격적으로 추출이 시작되기 전까지 3~5초 정도 인퓨전(infusion, 분쇄원두에 뜨거운 물을 살짝 적셔서 커피성분이 좀 더 원활하게 추출될 수 있도록 도와주는 일종의 뜸들이기)을 하는 틈이 있으므로 잔은 이때 준비해도 늦지 않다. ❾ 에스프레소가 데미타세의 측면을 따라서 흐를 수 있게 위치를 잡는다. 에스프레소가 크레마 중앙으로 떨어지면 표면에 얼룩이 생기기 때문이다. ❿ 육안으로 확인하거나 계량저울로 측정했을 때 적정량(약 30ml)이 되었다 싶으면 다시 추출버튼을 눌러 추출을 끝낸다.

MILK STEAMING

밀크 스티밍

밀크 스티밍이란 우유에 스팀을 주입하여 부드럽고 따뜻한 스팀밀크를 만드는 작업이다. 이는 에스프레소 베리에이션 커피를 만들 때 꼭 거쳐야 하는 과정이며 바리스타들에게는 에스프레소 추출 다음으로 중요하고, 그만큼 많은 양의 연습이 필요하다. 밀크 스티밍의 최종 목적은 우유거품의 입자를 가능한 작게 쪼개서 우유 전체에 흩어지게 하는 것이며, 입자가 고울수록 우유의 맛과 촉감은 한층 부드러워진다. 커피메뉴의 완성도를 높이기 위해서는 우유 자체는 물론, 스팀과 우유의 상관관계도 파악해야 한다.

milk foam
우유거품은 어떻게 생길까

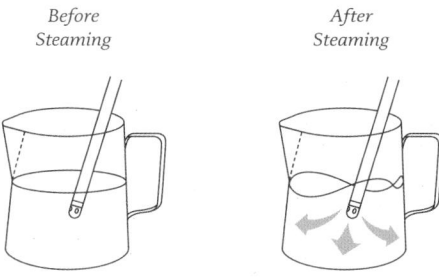

Before Steaming　　After Steaming

커피머신의 스팀노즐은 중력을 가해 공기를 우유 안으로 밀어넣는 역할을 한다. 스팀 밸브를 열면 우유와 스팀노즐이 만나는 표면에서 공기가 주입되며, 그대로 스팀노즐을 담그면 거품과 우유가 혼합되기 시작한다. 물과 다르게 우유는 유기성분이 장력을 형성하여 스티밍을 멈춰도 원상태로 금방 돌아오지 않고 비교적 오랜시간 우유거품이 유지된다.

temperature
스티밍 시 우유의 온도

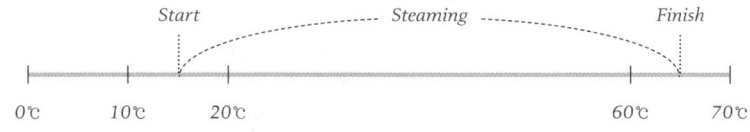

스티밍은 우유의 온도가 *10~15℃* 일 때 시작해서 *65℃* 정도일 때 끝내는 것이 좋다. 온도가 *65℃* 를 넘으면 우유의 영양소가 파괴되고 단맛도 줄어들기 때문에 그전에 스티밍을 마쳐야 하는 것이다. 또한 우유의 온도가 높은 상태에서 스티밍을 시작하면 그만큼 우유를 스티밍할 수 있는 시간이 짧아지고 거품과의 혼합도 안정적으로 이루어지지 않아 고운 스팀밀크를 만들 수 없다.

03
steaming
스티밍 방법

밀크 스티밍은 크게 공기주입과 롤링, 두 단계로 구성돼 있다. 공기주입은 말 그대로 우유에 공기를 주입해 거품을 만드는 것이며 롤링rolling은 그 거품을 가능한 작게 나눠 우유 전체에 흩어지게 하는 것이다. 스티밍 방법은 공기주입과 롤링을 어떻게 조절하느냐에 따라 크게 두 가지로 나뉜다.

밀크 스티밍 ─── **공기주입** *Insertion of air*

공기주입을 할 때는 스팀노즐의 끝이 우유의 표면에 살짝 걸쳐진 정도가 적당하며, 이때는 '취'하는 소리가 작게 들린다.

롤링 *Rolling*

롤링은 우유가 일정한 방향으로 충분히 회전할 수 있도록 적절한 스팀노즐의 위치를 선정하는 것이 중요하다. 우유의 표면이 불규칙하게 울룩불룩 요동치는 것은 롤링이라기보다 그저 우유를 데우는 것에 불과하다. 스팀의 방향, 세기, 스팀노즐과 스팀피처의 거리 등을 감안해 제대로 된 롤링을 해야 한다.

Good Steaming
스티밍이 잘된 것

Bad Steaming
스티밍이 잘못된 것

TYPE 1
공기주입 후 롤링

공기주입으로 원하는 만큼 거품을 만든 다음에 우유와 혼합하는 방식이다. 공기주입을 하면 자연스럽게 우유거품이 스팀노즐 위로 올라오는데 이때 스팀노즐을 아래로 살짝 담가 롤링이 원활하게 이뤄질 수 있도록 알맞은 위치를 잡아야 한다. 우유가 얼마나 올라왔는지 확인한 후 추가로 공기주입이 필요하다고 판단되면 스팀피처를 아래로 살짝 내려서 다시 공기주입과 롤링을 반복해준다.
아직까지도 많은 커피 아카데미와 학교 등지에서 이렇게 가르치고 있다. 거품을 만드는 시간과 롤링을 하는 시간을 적절히 분배해야 퀄리티 높은 스팀밀크를 만들 수 있다. 거품을 내는 데 신경 쓰느라 자칫 롤링할 타이밍을 놓치면 스팀밀크의 질이 떨어진다는 것을 명심해야 한다.

TIP 스티밍의 핵심은 소리다

스티밍을 잘하려면 우유와 스팀이 만났을 때 나는 소리에 귀를 기울여야 한다. 우유와 스팀 사이의 마찰 정도와 거품 상태를 알 수 있는 척도이기 때문이다. 이 소리가 크면 우유거품이 거친 것이고, 작으면 고운 것이다. 우유에 처음 스팀을 가할 때는 '취'하는 소리와 함께 공기가 주입되고 큰 거품이 발생한다. 거품을 만들어야 하는 초반에는 이 소리가 나게끔 스팀노즐을 우유의 표면에 두었다가 롤링할 차례가 되면 깊숙이 담근다. 그러면 이번엔 '웅'하는 소리가 나면서 큰 거품이 자그맣게 분산된다. 하지만 이 동작을 잘못 반복하면 되려 스팀밀크의 질이 떨어질 수 있으니 유념하도록 한다.
스팀밀크가 거칠어지는 이유는 대개 한번에 많은 공기를 주입했기 때문이다. 이 경우 '치직'하는 소리가 크게 나면서 큰 거품이 우유 표면에 올라온다. 이런 거품은 롤링을 해도 곱게 만들기가 어렵기 때문에 조심해야 한다.

TYPE 2
공기주입과 롤링을 동시에

TYPE 1은 스티밍에 능숙하지 못한 바리스타의 경우 잘못하면 양적으로나 질적으로 모두 만족스럽지 못한 결과를 얻을 수 있다. 공기주입과 롤링의 시점을 정확히 파악하는 전문적인 스킬이 필요하기 때문이다. 이에 스팀피처와 노즐은 고정한 채 우유 자체의 움직임을 이용해 스팀밀크를 만드는 TYPE 2 방법을 제안한다. TYPE 2는 스팀피처와 노즐을 그대로 둔 상태에서 스팀을 주입하는 매우 간단하면서도 안정적인 스티밍 방법이다. 사실 우유는 액체이기 때문에 굳이 스팀피처와 노즐의 위치를 바꿔주지 않아도 스팀의 밀어내는 힘에 의해 저절로 위아래가 섞인다. 때문에 소리가 나든 안 나든 스팀피처와 노즐을 바로 움직이는 것은 성급한 판단이다.

TIP 스팀노즐은 1cm 정도만 담근다

TYPE 2로 스티밍할 때는 우선 정해진 위치에 스팀피처와 노즐을 두고 1cm 정도 담근다. 그 상태에서 스팀을 주입하면 우유가 요동치면서 스팀노즐 위로 올라갔다 내려갔다를 반복한다. 이 과정에서 자연스레 거품이 생기고 우유와의 혼합도 이뤄진다. 물론 이 방법도 익숙해지기까지는 훈련이 필요하지만 TYPE 1보다 비교적 수월하게 스팀밀크의 퀄리티를 보장받을 수 있다.

steam nozzle
스팀노즐 위치 정하기

Front View

Side View

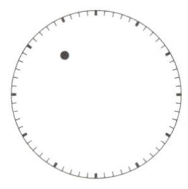

Top View

TYPE 1로 스티밍할 때 초보 바리스타들이 가장 고민하는 부분은 아마도 '스팀노즐을 어디에 얼마나 담가야 하는가'일 것이다. 스팀노즐은 앞에서 봤을 때는 수직, 옆에서 봤을 때는 7시 방향, 위에서 봤을 때는 10~11시 방향이어야 한다. 또한 스팀피처의 측면과 수평으로 놓여야 하며 손가락 한마디 정도(약 *1cm*) 깊이로 담그면 된다.

❶ 정면에서 봤을 때는 수직이고, 측면에서 봤을 때는 7시 방향이어야 한다.
❷ 스팀노즐을 스팀피처에 담갔을 때의 옆모습.
❸ 위에서 봤을 때는 10~11시 방향이어야 한다.

05
steam tip
스팀 팁의 형태에 따른 스티밍 방법

스팀노즐은 끝에 어떤 스팀 팁을 끼우느냐에 따라서 분출되는 스팀의 모습과 스팀밀크의 결과가 달라진다. 실제 테스트를 통해 스팀 팁의 구멍 모양과 개수, 방향이 스티밍에 끼치는 영향을 알아봤다.

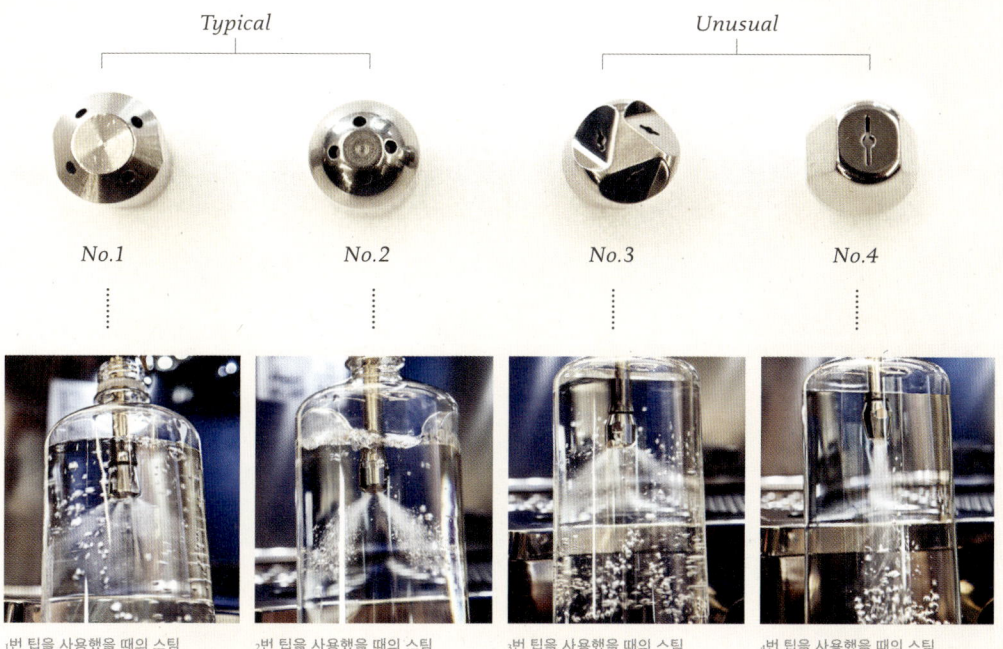

Typical — No.1, No.2
Unusual — No.3, No.4

1번 팁을 사용했을 때의 스팀
2번 팁을 사용했을 때의 스팀
3번 팁을 사용했을 때의 스팀
4번 팁을 사용했을 때의 스팀

3번 팁은 구멍 세 개가 전부 다른 방향으로 나있고 팁 표면에 경사가 져있어서 노즐을 가만히 두기만 해도 자연스럽게 스팀밀크가 만들어진다. 게다가 구멍이 원형 추출구를 중심으로 양옆에 일자형 추출구가 결합된 형태라 더욱 부드러운 스팀이 분사된다. 4번 팁은 구멍이 하나뿐이라 우유를 데우는 데 시간이 좀 더 걸리고, 스팀도 수직으로만 분사돼 스팀피처를 움직이지 않고서는 높은 퀄리티의 스팀밀크를 만들기가 어렵다. 또한 1~3번 스팀 팁과 달리 스팀의 방향과 우유의 표면이 직각을 이루기 때문에 둘 사이의 간격 조절이 까다롭다는 단점이 있다.

milk
우유 양에 따른 스티밍 방법

스티밍을 할 때는 우유의 양과 스팀의 세기에 따라 적절한 방법을 찾아야 한다. 스팀 피처는 우유 양에 알맞은 크기로 고르면 되는데, 머신의 스팀이 약할 때는 사이즈가 작은 피처에 우유를 여러 번 나눠 담은 후 스티밍하는 편이 낫다. 어쩔 수 없이 큰 스팀 피처를 써야한다면 스팀노즐을 피처의 측면에 최대한 가까이 두고 스티밍을 하는 것이 좋다. 반대로 스팀이 강한 머신은 작은 사이즈의 스팀피처를 사용하면 오히려 스팀을 세밀하게 컨트롤하기 어렵기 때문에 스팀노즐의 위치를 피처의 중앙에 잡아야 그나마 좋은 결과를 얻을 수 있다.

스팀피처는 종류에 따라 모양과 색상, 크기 등이 다양하다.

Type 우유거품의 유형

웻 폼
Wet Foam

거품 사이에 우유가 많이 남아있는 상태의 우유거품. 크리미creamy한 질감이며, 카푸치노를 만들기에도 가장 좋은 상태다.

세미 드라이 폼
Semi Dry Foam

중력에 의해 우유 일부가 가라앉으면서 거품 사이에 남아있는 우유가 줄어든 것으로, 여기까지가 카푸치노를 만들 수 있는 상태다.

드라이 폼
Dry Foam

거품 사이에 우유가 전혀 남아있지 않은 상태의 우유거품. 거품의 입자도 원형이 아니며 크기도 제각각이다. 거품끼리는 서로 맞닿아 있다.

Aging Process 거품의 에이징 프로세스

우유거품은 입자의 크기에 따라 움직이는 속도가 달라진다. 거품의 입자가 작으면 우유의 밀도가 높아서 움직임이 느려지고, 그만큼 형태가 오랫동안 유지된다. 반대로 거품의 입자가 크면 우유의 밀도가 낮아서 움직임이 빨라지고 형태가 금방 변한다. 또한 거품의 입자가 큰 우유거품은 질감이 거칠고, 입자가 작은 우유거품은 질감이 곱다.

우유의 점도도 거품이 움직이는 속도를 좌우한다. 점도가 높을수록 거품의 움직임이 느리다. 물보다는 우유가, 무지방이나 저지방 우유보다는 일반 우유의 점도가 높으며, 지방 함량이 많은 우유일수록 스티밍을 했을 때 상태가 더 오래 지속된다. 이 점을 반영해 개발된 것이 바로 시중의 바리스타 전용 우유로, 우유거품의 퀄리티를 높이는 데 최적화된 것이다.

거품은 상태가 빨리 변하는 특성이 있어서 바리스타들은 스티밍 이후에도 방심하면 안 된다. 시간이 지나면 우유거품의 층이 금방 분리되어서 라떼아트를 할 때도 커피가 우유 안으로 파고들지 못하기 때문이다. 바리스타들이 밀크 스티밍을 하자마자 라떼아트를 하는 것도 그러한 이유에서다.

PARTS

파츠

PARTS

파츠

파츠란 각종 커피 장비와 기물에 관련된 부품을 뜻한다. 커피시장의 규모가 커지고 각 영역이 전문화, 세분화되면서 과거에는 그저 소모품 정도로 인식되었던 파츠가 언제부턴가 커피 맛에 지대한 영향을 끼치는 요소로 바리스타들의 큰 관심을 얻게 되었다. 이는 커피 장비와 기물의 극히 일부이지만 어떤 모양의 파츠를 사용하느냐에 따라서 추출 결과가 크게 달라지는 만큼 제품 구입 시 제공되는 기본 구성품을 벗어나 새로운 시도를 해보는 것이 좋겠다. 이번 챕터에서는 에스프레소 추출과 직결된 주요 파츠 세 가지를 소개한다.

TAMPER

탬퍼

탬퍼는 에스프레소 추출 과정 중 하나인 탬핑을 할 때 분쇄원두를 수평으로 다지기 위해 사용하는 도구다. 탬퍼의 형태나 바리스타의 평소 탬핑 습관에 따라 추출 결과가 달라지기 때문에 본인에게 꼭 맞는 탬퍼를 찾아야 작업 능률을 높이고 원하는 맛도 끌어낼 수 있다. 요즘에는 탬퍼의 중요성이 널리 알려지면서 다양한 제품이 출시됐으며 선택의 폭도 넓어졌다. 그러나 그 기준이 명확하지 않아 자신에게 적합한 탬퍼가 무엇인지 고민하는 바리스타들이 많은 것도 사실이다. 다음의 내용을 바탕으로 탬퍼를 이해하고, 나아가 에스프레소 추출의 첫 단추를 잘 끼우길 바란다.

Handle
핸들

Base
베이스

01

structure

탬퍼의 구조

ESPRESSO EXTRACTION

type
탬퍼의 종류

탬퍼는 핸들과 베이스의 모양에 따라서 다양한 제품이 출시되고 있다. 덕분에 바리스타들은 각자의 손 크기와 핸들을 쥐는 방법, 사용하는 필터 바스켓의 형태 등 여러 가지를 고려해 본인에게 가장 알맞은 탬퍼의 크기와 두께, 재질을 정할 수 있게 됐다.

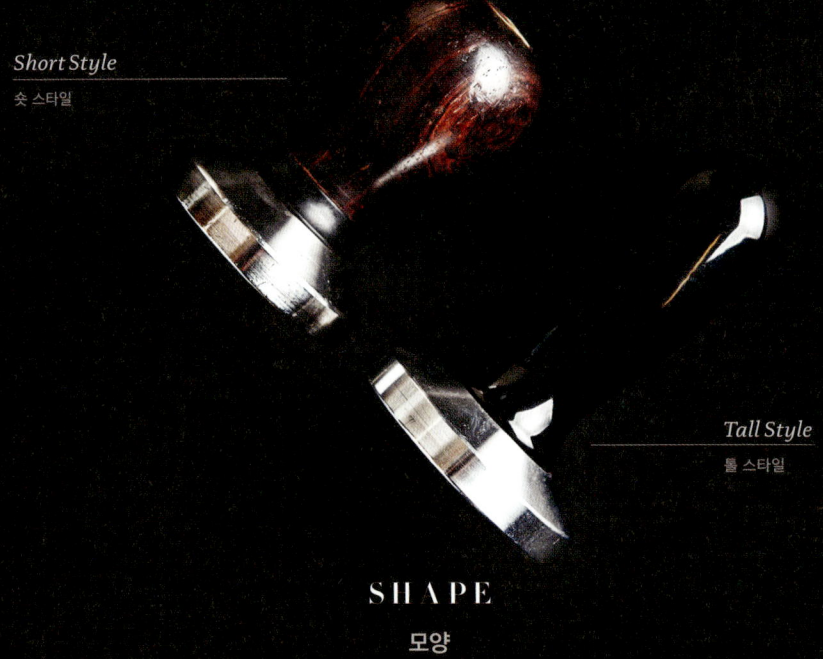

Short Style
숏 스타일

Tall Style
톨 스타일

SHAPE
모양

탬퍼의 모양은 핸들의 크기와 두께에 의해 좌우된다. 브랜드마다 고유의 디자인이 있지만 보통 핸들의 길이에 따라 숏 스타일*short style*과 톨 스타일*tall style*로 나눌 수 있다. 일반적으로 탬퍼의 핸들은 굴곡없이 매끈한 편이지만 오히려 각진 핸들이 쥐었을 때 더 편안하다며 선호하는 바리스타도 있다. 개인차가 있는 부분이기 때문에 테스트를 해보고 자신에게 제일 잘 맞는 것으로 고르는 것이 좋다.

톨 스타일 *Tall Style*

탬핑을 할 때 핸들의 헤드 부분에 손바닥을 올려 중심을 잡은 후, 엄지와 검지로 베이스의 가장자리 부분을 눌러 압력을 준다. 그립감이 좋다는 장점이 있다.

숏 스타일 *Short Style*

탬핑을 할 때 핸들의 헤드 부분에 손바닥을 올려 중심을 잡는 건 톨 스타일과 똑같지만 숏 스타일은 엄지와 검지, 중지 이렇게 세 손가락으로 베이스의 가장자리를 눌러야 한다는 것이 차이점이다. 중지까지 사용하므로 베이스에 보다 효과적으로 힘을 줄 수 있으며 수평을 맞추기도 더 용이하다.

MATERIAL
재질

핸들의 소재는 크게 금속과 나무로 나뉜다.
알루미늄의 경우 무게가 가벼워 여성 바리스타가 선호하는 경향이 있으며, 스테인리스 재질은 무게감이 있어서 탬핑을 할 때 압력을 주기 쉽다는 것이 장점이다. 나무는 그립감이 좋다는 것이 특징이다.
핸들의 재질을 선택할 때는 자신이 좋아하는 감촉과 그립감을 고려하면 된다.

BASE
베이스

기본적으로 탬퍼 베이스의 사이즈는 포타필터의 규격을 따른다.
포타필터 내 필터 바스켓의 직경이 몇 *mm*인지 확인한 후
이에 맞는 베이스를 선택해야 에스프레소를 추출할 때 편차를 줄일 수 있다.
포타필터의 사이즈는 *58mm*가 가장 대표적이며 *53mm*까지 매우 다양하다.

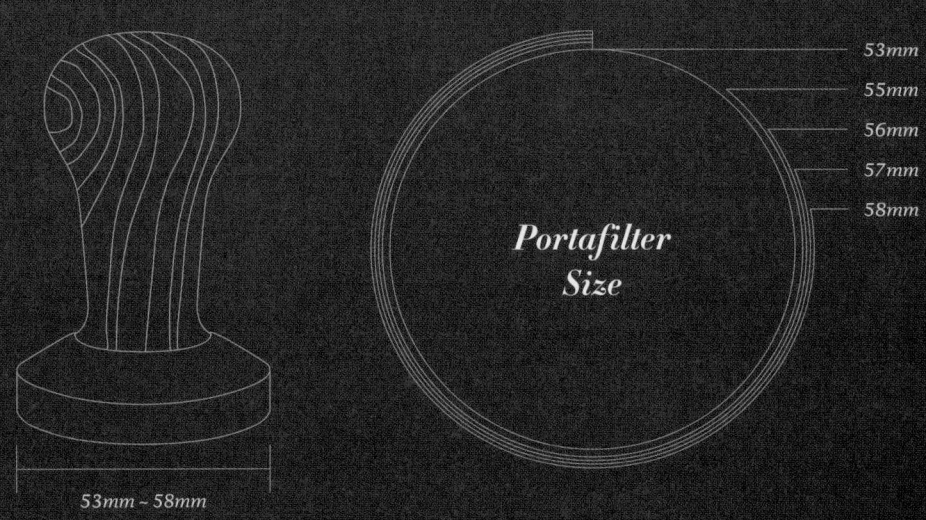

53mm ~ 58mm

에스프레소 커피머신 브랜드별 포타필터 사이즈

Ascaso	57mm	Cimbali	58mm	Izzo	58mm	Reneka	56mm
Astoria	58mm	Conti	58mm	La Marzocco	58mm	San Marco	55mm
Astra	56mm	Dalla Corte	53mm	Laranzato	58mm	Spaziale	53mm
Aurora	56mm	Elektra	53mm	La Pavoni (commercial)	58mm	Unic	56mm
Azykoyen	58mm	Expobar	58mm			VFA	58mm
Bezzera	58mm	Faema Futurmat	58mm	Nuova Simonelli	58mm	Vibiemme	58mm
Brasilia	58mm	Gaggia	58mm	Pasquini	57mm	Wega	58mm
Bunn	58mm	Grimac	58mm	Quickmill	58mm		
Caramali	58mm	Isomac	58mm	Rancilio	58mm		

Why 베이스가 왜 중요할까?

분쇄원두가 담긴 포타필터를 그룹헤드에 장착하고 추출버튼을 누르면 추출수가 나온다. 고온고압의 추출수가 분쇄원두에 닿으면 물길을 형성하는 현상인 난류가 발생하고 본격적인 추출이 이루어진다. 난류는 터뷸런스*turbulence*라고도 하는데, 분쇄원두와 물이 섞이는 것을 말한다. 커피 추출에서는 분쇄원두와 물의 흐름에 따라 맛이 달라지므로 난류는 매우 중요한 과정이다. 그런데 이 난류가 분쇄원두의 표면 상태에 영향을 받기 때문에 결국에는 탬퍼 베이스의 모양이 추출 결과를 좌우하는 것이나 다름없다. 따라서 바리스타는 사용할 커피머신과 원두의 특성을 정확히 파악한 후 자신이 추구하는 맛을 최대한 살릴 수 있는 베이스를 선택해야 한다.

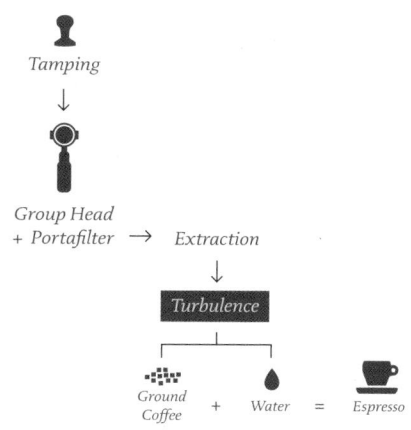

Notice 베이스를 선택할 때 주의할 점

필터 바스켓의 실제 사이즈를 측정해보면 가끔 업체에서 제시한 규격보다 약간 더 클 때가 있다. 이 경우 정사이즈의 탬퍼를 사용해도 탬퍼와 필터 바스켓 사이에 간격이 생겨서 탬핑을 해도 수평이 틀어질 가능성이 높으며, 분쇄원두가 충분히 압축되지 못한다.

최근에는 이러한 문제를 보완하기 위해 탬퍼 사이즈를 58.2mm이나 58.3mm처럼 소수점 아래로 정교하게 제작한 제품이 출시되고 있다. 반대로 탬퍼와 필터 바스켓 사이에 틈이 하나도 없이 꼭 맞아도 문제가 된다. 베이스와 분쇄원두가 맞닿은 부분에 마찰이 생겨 오히려 수평이 틀어지거나 압력이 불균형하게 가해지기 때문이다. 따라서 탬퍼를 선택하기 전에는 필터 바스켓의 사이즈부터 정확하게 측정해야 한다.

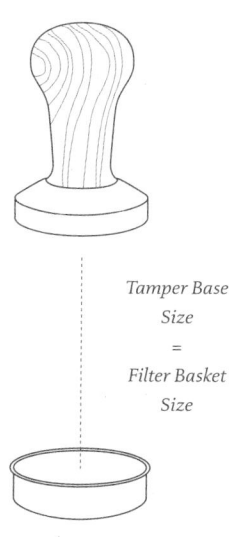

Shape 베이스의 형태

탬핑의 주요 목적이 분쇄원두를 수평으로 만들어주는 것인 만큼 과거에는 소위 플랫*flat*이라고 하는 평평한 형태의 베이스가 대부분이었다. 물론 요즘도 이런 일자형 베이스가 보편적으로 사용되고 있지만 그간 커피성분을 보다 효율적으로 추출하기 위한 지속적인 연구개발이 이루어졌고, 이제는 베이스의 종류도 다채로워졌다.

flat 플랫형

curve 커브형

flat & curve 혼합형

ripple 리플형

Z Curve

Wave

새로운 타입의 베이스

플랫형 *Flat*		분쇄원두가 추출수의 압력을 수직으로 받기 때문에 수평만 잘 맞춰도 커피성분이 골고루 나와 좋은 맛을 낼 수 있다.

플랫형 *Flat* — 분쇄원두가 추출수의 압력을 수직으로 받기 때문에 수평만 잘 맞춰도 커피성분이 골고루 나와 좋은 맛을 낼 수 있다.

커브형 *Curve* — 베이스의 중심부가 살짝 둥근 모양을 하고 있다. 이러한 형태는 탬핑을 했을 때 필터 바스켓과 분쇄원두 사이의 밀착력을 높여줘 추출 편차가 낮다. 때문에 탬핑이 미숙한 사람도 다루기가 어렵지 않으며, 동일한 사이즈의 플랫형 베이스와 비교했을 때 탬핑 후 필터 바스켓의 가장자리에 남아있는 분쇄원두의 양이 적다는 장점이 있다. 똑같은 커브형 베이스여도 브랜드마다 굴곡에 조금씩 차이가 있으며 추출에도 영향을 미친다.

혼합형 *Flat & Curve* — 베이스의 중심부는 평평하고 가장자리는 깎여 있는 형태다. 커브형과 마찬가지로 커피 성분을 가운데로 모아주기에 효과적이다.

리플형 *Ripple* — 베이스 바닥에 물결무늬를 새겨 표면적을 넓힌 것으로 그만큼 물이 분쇄원두에 잘 스며들어서 추출수율이 높고, 탬핑 시 분쇄원두의 수평도 웬만해선 어긋나지 않는다.

새로운 타입의 베이스 — 기존 모델의 장단점을 반영해 업그레이드한 베이스가 꾸준히 개발되고 있다. 탬핑 시 필터 바스켓 내의 밀도와 추출수의 흐름, 물과 분쇄원두의 접촉면 등을 여러 가지로 고려한 것이며, 각자의 상황에 맞게 선택하면 된다.

Z Curve
중앙은 커브형 베이스와 비슷한 형태지만 가장자리가 양각으로 처리되었다. 탬핑 시 필터 바스켓 가장자리의 밀도를 높이는 구조라 산미와 바디가 강조된 커피를 추출하는 데 용이하다.

Wave
혼합형과 반대로 베이스의 가장자리보다 중심부가 움푹 패여있는 형태. 일반적인 커브형 베이스와 마찬가지로 균형 잡힌 커피를 추출하기에 알맞다. 물의 흐름을 필터 바스켓 안쪽으로 유도하기 때문에 중심 부분의 밀도가 높고, 덕분에 풍부한 단맛을 표현할 수 있다.

Material 베이스의 재질

베이스도 핸들처럼 다양한 소재로 만들어진다. 스테인리스와 알루미늄이 대표적이며, 구리나 황동도 활용한다. 스테인리스는 여러모로 효율성이 높고 가격도 합리적이라 대중적으로 쓰인다. 알루미늄은 무게가 가볍고, 구리는 조직이 조밀하고 단단하다. 황동은 무게감이 있어서 그립감이 좋고 압력을 쉽게 줄 수 있다는 장점이 있다.

Tamper Brands 바리스타들이 애용하는 탬퍼 브랜드들

REG BARBER www.coffeetamper.com / CBSC KOREA www.cbsckorea.co.kr

BURR

버

버는 원두를 분쇄하는 칼날로, 좋은 그라인더의 판단 기준은 버의 성능에 달려있다고 해도 과언이 아닐 만큼 그라인더의 심장과도 같은 부품이다. 버의 성능은 사용자가 원하는 크기로 원두를 분쇄할 수 있는지, 분쇄원두의 입자가 얼마나 균일한지를 기준으로 판단할 수 있다. 버의 수명은 보통 원두의 로스팅 포인트와 생두의 조밀도에 따라 달라진다. 칼날이 무뎌졌을 때 교체하면 되는데, 내구성이 좋은 버일수록 오래 쓸 수 있다. 버는 형태에 따라서 크게 플랫과 코니컬 두 가지로 나뉜다. 둘은 생김새부터 확연한 차이를 보이며, 기능적인 면에서도 서로 추구하는 바가 다르기 때문에 사용자는 그 차이를 알고 용도에 맞는 것을 선택해야 한다. 소재는 스테인리스 스틸이 가장 일반적이지만 약간 가격대가 높은 티타늄도 있으니 예산에 맞게 고르면 된다.

type
버의 종류

	플랫 버 *Flat Burr*	코니컬 버 *Conical Burr*
구조	동일한 평면형 칼날이 평행으로 놓여있다.	모양과 크기가 다른 두 개의 입체형 칼날로 구성되어 있다. 하나는 중심에서 회전하는 원추형이고, 다른 하나는 이를 감싼 형태로 고정돼 있다.
원리	위쪽 날이 고정돼 있는 상태에서 아래쪽 날이 회전하고, 원두는 그 사이를 통과하며 분쇄된다.	안쪽 날이 고정돼 있는 상태에서 바깥쪽 날이 회전하고, 원두는 그 사이를 통과하며 분쇄된다. 안쪽 날과 바깥쪽 날 사이의 간격이 입자 크기를 결정한다.
회전수	코니컬에 비해 분당 회전수가 많다. 회전속도가 빨라야 분쇄원두가 수월하게 빠져나가기 때문이다.	플랫에 비해 분당 회전수가 적다. 회전속도가 빠르면 분쇄원두가 아래로 빠져나가지 못하고 위로 역류하기 때문이다.
장점	버는 원두를 자르는 절삭 면과 원두를 부수는 파쇄 면으로 되어 있는데, 플랫은 절삭 면이 코니컬에 비해 넓어 분쇄원두의 입자 크기가 작고 고르다.	버의 분당 회전수가 적어 열이 덜 발생하며 덕분에 원두의 향미가 잘 보존된다.
단점	버의 분당 회전수가 많기 때문에 열 발생도 크다. 또한 원두가 서로 부딪히면서 분쇄되는 원리라 입자 크기가 불규칙적이고, 미분도 많이 생긴다.	코니컬은 파쇄 면이 플랫에 비해 넓어 입자 크기가 크고 고르지 못하다. 때문에 추출 편차가 생길 수 있다.

02

difference
버의 종류에 따른 추출 결과의 차이

아무리 똑같은 원두라도 사용하는 그라인더의 버 종류와 크기에 따라 커피의 향미가 다르게 나타날 수 있다. 때문에 그라인더를 선택할 때는 원두의 개성을 가장 효과적으로 살릴 수 있는 것을 선택해야 한다. 실제 테스트를 통해 버가 커피추출에 어떤 영향을 주는지 알아봤다.

Blend for test 테스트용 원두

Blend	먹구름 (브라질 펄프드 내추럴 + 케냐 워시드)
Tasting Note	딸기, 블랙커런트, 라임, 청포도, 시럽 *Body* ★★★★☆ *Acidity* ★★★☆☆ *Sweetness* ★★★★☆ *Balance* ★★★★☆

모든 테스트는 도징 양과 추출량 등의 나머지 조건을 동일하게 맞춘 상태에서 진행되었으며, 그 결과 추출시간과 수율, 농도, 향미 등이 차이를 보였다.

	98mm(플랫)	64mm(플랫)	63mm(코니컬)
도징 양(g)	19	19	19
추출량(g)	29	29	29
추출시간(sec)	26	22	32
TDS(%)	12.64	11.73	10.34
추출수율(%)	19.32	18.55	16.35

CONCENTRATION
농도의 차이

우선 버의 종류에 따른 커피 추출액의 농도를 비교했을 때 플랫이 코니컬보다 높았고, 크기에 따라서는 지름이 각각 98mm인 것과 64mm인 두 종류의 플랫 중에서 크기가 큰 쪽이 더 높은 수치를 보였다.

BREWING RATIO
추출수율의 차이

추출수율의 경우 플랫은 작은 사이즈나 큰 사이즈 타입 모두가 *SCAA(Specialty Coffee Association of America*, 미국스페셜티커피협회)에서 규정하는 골든컵(*golden cup*, 커피와 물의 이상적인 비율)의 범위를 만족시켰지만 코니컬은 그보다 살짝 낮은 수준이었다.

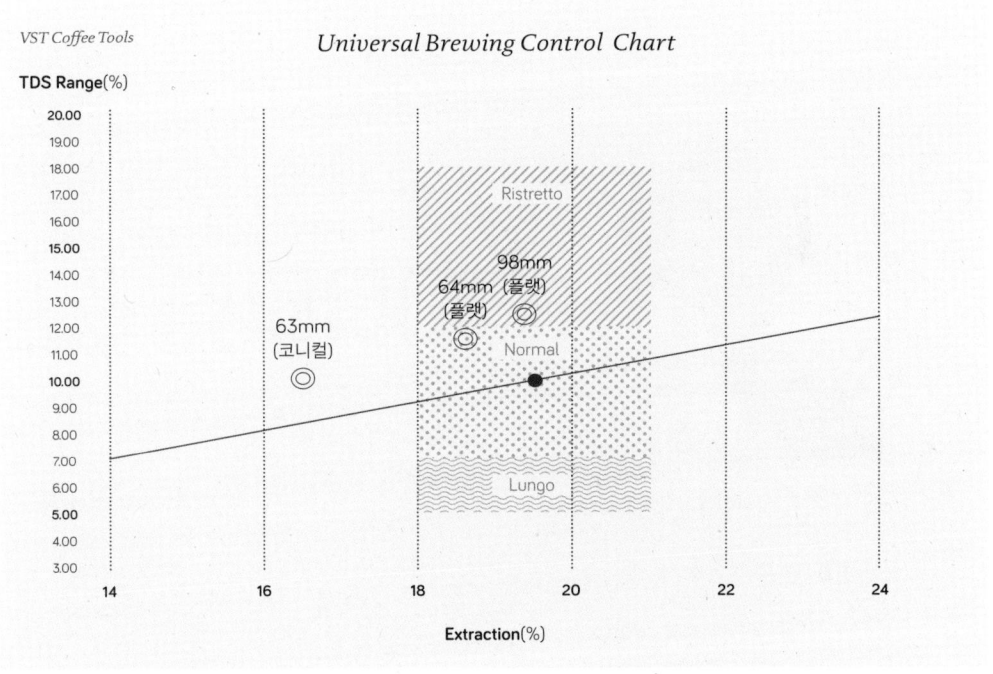

* 위의 실험은 수치상의 비교 결과를 살펴본 것이다. 추출수율이 높다는 것은 추출된 커피 내에서 고형성분이 차지하는 비율이 높다는 의미이며, 다시 말해 효율성 측면에서의 비교일 뿐, 맛이 좋고 나쁨을 평가할 수 있는 절대적인 기준은 아니라는 점을 감안해야 한다.

FLAVOR
향미의 차이

플랫을 사용해 추출한 커피는 공통적으로 바디가 묵직하고
단맛이 선명하게 느껴졌으며, 밸런스에서는 작은 사이즈의 버가 더 낫다는 평가를 받았다.
코니컬을 사용해 추출한 커피는 전체적으로 향미의 특징이 잘 나타났지만
바디와 밸런스는 플랫에 비해 다소 밋밋했다.

98mm(플랫)	64mm(플랫)	63mm(코니컬)
기존의 먹구름보다 단맛이 도드라졌고, 특히 실키*silky*한 질감이 인상적이었다.	먹구름의 테이스팅 노트와 가장 유사한 맛이었고, 산미, 단맛, 쓴맛, 바디의 밸런스가 훌륭했다.	과일의 신선한 아로마와 산미가 상대적으로 강하게 느껴졌으나 입안에서의 거친 느낌이 다소 부정적으로 다가왔다.

• 이 실험 또한 단순히 버의 특성이 다르다는 사실을 검증한 것에 불과하며, 성능을 평가한 것이라고 보기에는 무리가 따른다. 먹구름 블랜드로만 진행한 테스트이기 때문에 원두에 따라 결과가 달라질 수 있다는 것도 간과해선 안 된다.

©Design Coffee All rights reserved.

또 다른 그라인더 파츠, 도우저 스크린 *Doser Screen*

그라인더의 컨테이너 추출구에 도우저 스크린을 장착하면 분쇄원두가 배출될 때 생기는 마찰이 줄어들어 가루가 날리는 현상을 막아준다. 제품에 따라 도우저 스크린이 없는 경우도 있기 때문에 필요하다면 따로 구입해야 한다.

FILTER BASKET

필터 바스켓

포타필터의 부품 가운데 분쇄원두를 담는 금속 재질의 필터로, 필터 인서트 *filter insert*라고도 한다. 보통은 지름이 54~58mm인 필터 바스켓을 사용하며, 추출량에 따라 1잔용과 2잔용으로 나눌 수 있다.

필터 바스켓의 핵심은 단연 바닥에 뚫려있는 홀holl이다. 에스프레소는 이 홀을 통해 밖으로 추출되기 때문에, 그 크기가 제각각이고 배열이 불규칙하면 아무리 똑같은 압력을 가해도 에스프레소 추출의 흐름이 한쪽으로 쏠릴 수밖에 없다. 홀의 크기가 균일하고 간격이 일정하면 에스프레소도 필터 바스켓의 정중앙으로 추출되어 보다 풍성한 크레마가 생기고, 커피 향미의 질도 높아진다. VST 필터 등 타공 문제를 개선한 제품으로 부속을 교체하는 것도 그런 이유에서다. 필터 바스켓의 종류에는 홀 사이의 간격이 넓은 것도, 좁은 것도 있는데 바리스타의 개인 선호에 따라 고르면 된다.

○ 01

type
필터 바스켓의 종류

포타필터의 필터 바스켓은 커피머신의 기종에 따라 크기가 제각각이며, 당연히 맛에 미치는 영향도 다르다. 다양한 크기와 모양의 필터 바스켓이 출시되고 있으며 이는 특히나 탬핑 시 헤드 스페이스*head space*를 확보하는 것과 연관이 깊다. 필터 바스켓의 사이즈를 기준으로 업도징*up dosing*을 할 것인지, 언더도징*under dosing*을 할 것인지에 따라 헤드 스페이스의 유무가 결정되고, 이는 프리 인퓨전*pre-infusion*을 비롯해 추출과정 전체를 좌우한다.

1잔용 필터 바스켓의 용량에 따른 높이 차이

기성 필터(일반형)　　　기성 필터(대용량)　　　VST 필터

VST 필터의 용량에 따른 높이 차이

15g　　　18g　　　20g　　　22g

VST filter
VST 필터

VST 필터는 TDS 측정기 '모조투고MOJOTOGO'로 알려진 VST 사에서 개발한 새로운 타입의 필터 바스켓이다. 이는 기존 제품과의 차별화를 모토로 일관된 품질의 에스프레소 추출과 침전물의 최소화를 지향한다. 최근에는 국내의 유명 카페와 랩lab을 중심으로 도입되기 시작했으며, 지난 2012년부터 2014년까지 월드바리스타챔피언십 World Barista Championship, WBC에 누오바 시모넬리의 T3 커피머신과 함께 공식 필터 바스켓으로 선정되어 주목받기도 했다.

Structure 정밀한 구조

VST 필터는 특수 장비를 사용해 바스켓 바닥의 홀을 제작하며, 모든 홀의 최소 사이즈와 최대 사이즈를 측정해 균일성을 높였다. VST 사에서 제시하는 홀의 크기는 직경 ±30um(micro meter)이다.

Pattern 일정한 패턴

아래로 갈수록 좁아지는 원뿔형의 기성 바스켓과 달리 VST 필터는 원기둥처럼 곧게 뻗은 모양을 하고 있다. 때문에 바스켓의 바닥을 보면 기존에 비해 홀이 차지하는 면적이 넓고 개수도 많다. 홀 사이 간격이 일정한 것도 육안으로 비교가 가능하다. VST 사는 제품을 출고하기 전에 홀의 모양과 위치, 이상 유무를 꼼꼼하게 점검하며, 모든 홀의 간격을 ±1um로 유지해 추출편차를 최소화한다.

Size 다양한 사이즈

VST 사는 사용자가 원하는 도징 양에 맞춰 폭넓게 제품을 선택할 수 있도록 다양한 사이즈의 필터 바스켓을 선보이고 있다. 오른쪽 표는 VST 사가 제시하는 사이즈별 도징 양을 정리한 것이다.

VST Filter	Dose (g)	Height (mm)	Outside (mm)	Tamper (mm)
20g Competition	19-21	26.0	60.0	58.3-58.4
22g Triple	21-23	28.0	60.0	58.3-58.4
18g Double	17-19	24.2	60.0	58.3-58.4
15g DBL-EUR	14-16	22.0	60.0	58.3-58.4

OTHER
포타필터와 관련된 그 밖의 부품

포타필터
Portafilter
분쇄원두를 담아 커피머신의 그룹헤드에 장착시키는 부분. 온도 유지를 위해서 주로 동 재질로 만든다.

필터 고정 스프링
Filter Fixing Spring
포타필터에 필터 바스켓을 고정시키는 역할을 한다.

블라인드 필터
Blind Filter
구멍이 없는 막힌 필터로, 그룹헤드 청소 시에 사용한다.

스파웃
Spout
에스프레소가 나오는 추출구. 간혹 스파웃을 빼고 사용해서 추출이 잘 되고 있는지 직접 육안으로 확인하는 바리스타도 있다. 이러한 방법은 에스프레소가 스파웃을 거치지 않기 때문에 크레마의 손실을 막는 효과가 있다.

그룹헤드 *Group Head*

필터 가스켓 *Filter Gasket*	고온 고압의 추출수가 새지 않도록 포타필터와 그룹헤드 사이의 틈을 메우는 부품. 6개월에서 1년 정도 사용하고 나면 고무가 탄력을 잃어 추출 시 물이 샐 수 있으므로 정기적으로 교체해야 한다.
샤워 홀더 *Shower Holder*	그룹헤드에서 흘러나온 추출수를 여러 줄기로 분사해 분쇄원두에 골고루 압력을 주는 역할을 한다.
샤워 스크린 *Shower Screen*	샤워 홀더를 통과하며 여러 줄기로 분사된 물을 필터 바스켓 전체에 고르게 뿌려준다. 오랜 시간 사용하면 하단의 구멍이 넓어지므로 1년 정도가 지나면 교체해야 한다. 추출수를 좀 더 균일하게 분사할 수 있도록 설계된 별도의 샤워 스크린도 있다.

ESPRESSO EXTRACTION VARIABLES

에스프레소 추출변수

ROASTING POINT

로스팅 포인트

로스팅 강도를 뜻하는 로스팅 포인트는 원두의 상태를 결정하는 핵심적인 요소로, 추출변수를 조정하기에 앞서 고려해야 하는 부분이다. 로스팅 포인트와 다른 추출변수들 간에 어느 정도의 상관관계는 존재하지만 정답은 없기 때문에 사용할 원두의 속성을 알고 자신만의 스타일로 구현하는 것이 바람직하다.

01

dark roast

강배전일 경우

GUIDE   강배전 원두를 사용한다면 분쇄도를 일반적인 에스프레소용 입자보다 조금 굵게 조절하는 것이 좋다.

WHY   생두는 강하게 볶을수록 내부의 수분이 많이 증발하고 조직이 팽창하며 질량도 가벼워진다. 이러한 원두는 물을 잘 흡수하기 때문에 커피성분 추출에 오랜 시간이 걸린다. 더욱이 원두를 에스프레소용 굵기로 가늘게 갈면 입자 사이의 간격이 좁아 물이 분쇄원두를 통과하는 시간은 지체되고 결국에는 추출이 제대로 이뤄지지 않을 가능성이 높다. 물론 맛에도 부정적인 영향을 준다. 그러므로 이때는 분쇄도를 좀 더 굵게 조정해 입자 사이의 간격을 넓혀준다. 그러면 포타필터에 분쇄원두를 담았을 때 부피는 늘어나겠지만 추출시간은 상대적으로 짧아질 것이다.

  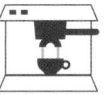

Dark Roast   *Coarse Grind*   *Extraction*

TIP   무조건 위의 가이드를 따르기보다는 내가 의도하는 강배전 커피의 맛이 무엇인지를 먼저 생각한 후 도징 양과 입자 크기 등을 정하는 것이 현명하다. 보통은 똑같은 분량의 원두를 가늘게 갈았을 때가 굵게 갈았을 때보다 쓴맛이 많이 나는 편인데, 이는 분쇄원두의 표면적이 넓어 커피성분이 왕성하게 추출되기 때문이다.

02

light roast
약배전일 경우

GUIDE   약배전이라고 해서 단순히 강배전과 반대로 하면 될 거라는 생각은 금물이다. 하지만 처음에는 일반적인 에스프레소용 입자보다 가늘게 분쇄하는 것이 좋다.

WHY   이 경우 원두를 약하게 볶았기 때문에 강배전 원두에 비해 상대적으로 조직의 팽창이 덜 돼서 밀도가 높은 상태다. 이렇듯 단단한 원두를 굵게 갈아서 추출하면 분쇄원두가 물을 흡수하는 시간보다 물이 분쇄원두를 통과하는 시간이 더 빨라서 커피성분을 충분히 뽑아내지 못한다. 그래서 커피는 대체로 농도가 연하고 산미가 도드라지게 된다. 이럴 때는 원두를 약간만 더 가늘게 분쇄해 물이 잘 흡수되는 환경을 만들어주면 커피성분도 원활하게 추출할 수 있다.

  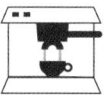

Light Roast   *Fine Grind*   *Extraction*

QUANTITY

도징 양

도징dosing이란 그라인더 도우저의 분쇄원두를 포타필터에 담는 동작을 뜻한다. 일반적으로 에스프레소 한 잔을 추출하는 데는 7~8g의 원두가 필요하지만 포타필터의 필터 바스켓을 보면 1잔용과 2잔용이 따로 구분되어 있다. 1잔용 필터 바스켓에는 7~8g의 원두를, 2잔용 필터 바스켓에는 14~16g의 원두를 담을 수 있다. 바리스타는 추출하고자 하는 잔 수에 맞춰 적당한 사이즈의 필터 바스켓을 고르면 된다. 그러나 '1잔은 7~8g', '2잔은 14~16g'이라는 식의 얘기는 교과서적인 예시일 뿐, 현장에서 바리스타가 세팅을 한다는 건 입자의 크기를 맞추는 작업을 말하기 때문에 이에 따라 분쇄원두의 도징 양도 당연히 바꿔야 한다.

How much?

실제 매장에서 에스프레소 두 잔을 추출할 때는 분쇄원두를 얼마나 사용하는 것일까?

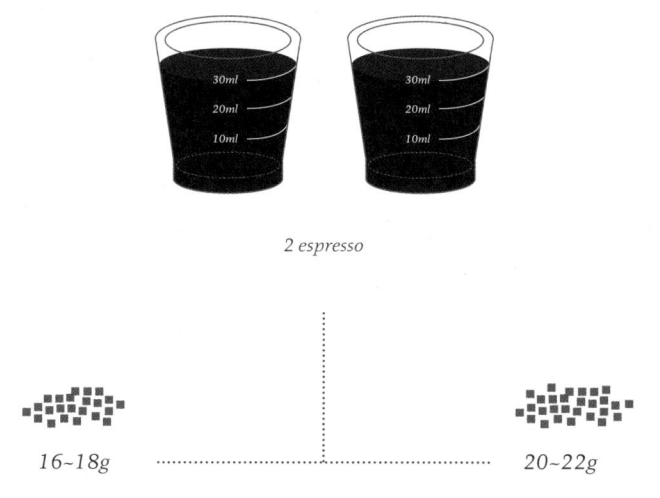

2 espresso

16~18g   20~22g

아마도 대다수의 샵에서 *16~18g* 정도를 사용할 것이다. 앞에서 제시한 기준이 잘못됐다기보다는 이론과 실제에 약간 차이가 있다고 생각하면 편할 것 같다. 본래 커피 추출은 여러 가지 원인에 따라 결과가 크게 달라진다. 원두를 많이 쓰는 매장에서는 분쇄원두를 *20~22g*까지 담을지 모른다. 그들이 틀린 것이 아니라 원하는 맛을 맞추다 보니 그 정도가 알맞다고 판단한 것일 수도, 아니면 사용하고 있는 필터 바스켓의 용량이 더 커서 그런 것일 수도 있다.

PARTICLE SIZE

입자 크기

커피 맛을 결정하는 데는 여러 요소들이 복합적으로 작용하지만 그중에서도 가장 중요한 한 가지를 뽑는다면 아마 많은 바리스타들이 분쇄도를 떠올릴 것이다. 물론 에스프레소 추출에 적합한 입자 굵기는 어느 정도 정해져 있다. 하지만 분쇄도의 미세한 차이에도 도징 양과 커피 맛은 상당 부분 달라진다.

01

before extraction
입자 맞추는 방법 (추출 전에)

아래 방법대로 하면 그라인더 세팅 시 소모되는 분쇄원두를 현저하게 아낄 수 있다.

❶ 호퍼를 뺀다. ❷ 조절나사의 위치를 확인하고 입자가 가장 가는 쪽으로 돌린다. ❸ 이렇게 하면 버가 거의 잠긴 것이나 다름없는데, 이때 전원을 켜면 버가 서로 맞물려 돌아가지 않거나 닿아서 마찰음이 들린다. ❹ 전원을 끄고 조절나사를 입자가 굵은 쪽으로 30~40도 돌린다. ❺ 호퍼를 다시 끼우고 전원을 켜서 원두를 분쇄한다. ❻ 입자의 크기를 체크해보면 보편적인 에스프레소 기준에서 크게 벗어나는 수준은 아닐 것이다. 테스트용으로 커피를 한번 추출해본 다음 조금씩 입자를 바꿔가면 비교적 빠르게 원하는 세팅 값을 찾을 수 있다.

02

during extraction
입자 맞추는 방법 (추출 중에)

에스프레소를 추출했을 때 일반적인 기준(20~30초 동안 *1oz* 추출)에 비해 속도가 빠른지 느린지 확인한다. 만약 *1oz*가 15~20초 사이에 추출됐다면 속도가 조금 빠른 것이다. 이때는 그라인더의 조절나사를 돌려 입자를 좀 더 가늘게 맞추거나 도징 양을 늘려준다. 한편 *1oz*가 35~40초 사이에 추출됐다면 속도가 조금 느린 것이다. 이때는 그라인더의 조절나사를 아까와 반대로 돌려 입자를 좀 더 굵게 맞추거나 도징 양을 줄인다. 조절나사는 *0.5mm*씩 움직이도록 하며, 입자를 바꿀 때마다 원두를 *20g*씩 갈아서 이전까지의 분쇄원두가 남지 않도록 한다.

Coarse　　　　　　　　　　　　　　　　　　　　　Fine

일반적인 그라인더의 조절판을 보면 이렇게 표시돼 있다. 이는 조절나사를 왼쪽으로 돌리면 입자가 굵어지고, 오른쪽으로 돌리면 입자가 가늘어진다는 뜻이다.

WATER TEMPERATURE

추출수의 온도

추출수는 말 그대로 '커피를 추출할 때 쓰는 물'로, 분쇄원두를 통과하면서 커피의 여러 가지 성분을 뽑아낸다. 추출수 온도는 자주 바뀌는 부분이 아니기 때문에 조절방법보다는 온도 자체가 추출에 어떤 역할을 하는지 이해하는 것이 중요하다.

통상적으로 커피머신은 추출수 보일러의 온도를 93℃로 설정한다. 원두에서 커피성분을 원활하게 뽑아내려면 물 온도의 범위가 90~95℃ 내외여야 하기 때문이다. 동일한 원두도 추출수 온도에 따라 다양한 맛을 내는데, 90℃ 이하나 95℃ 이상의 물로 추출한 커피를 마셔보면 원두의 캐릭터가 제대로 나타나지 않았다는 것을 금방 알 수가 있다.

하지만 실제로 에스프레소를 추출할 때는 온도를 일정하게 정해둔 채로 다른 요소에 변화를 주며 맛을 잡는다. 온도뿐 아니라 압력도 마찬가지다. 커피머신 내부를 조정해야 하는 번거로움이 있는데다가 이 두 가지를 추출 때마다 고려해야 한다면 과정이 지나치게 복잡해진다. 그럼에도 다른 부분에 더 이상 변화를 줄 수 없는 상태거나 새로운 원두를 선보여야 할 때는 온도를 바꿔볼 필요가 있다. 상대적으로 맛이 진하고 산미가 적은 커피를 원한다면 온도를 높게 조정하고, 반대로 쓴맛이 적고 연한 커피를 원한다면 온도를 낮게 조정한다.

01

temperature control
온도 조절방법

추출수 온도 조절은 커피머신의 보일러 유형과 옵션에 따라 방법이 제각각이다. 최근에는 *PID(Proportional-Integral-Derivative controller*, 원하는 온도와 실제 온도의 편차를 최소화한 제어 장치. 작은 변화에도 즉각적으로 대응하여 온도를 일정하게 유지할 수 있다) 기능이 탑재된 커피머신이 출시되면서 간단한 버튼 조작으로도 온도를 조절할 수 있게 됐다. 각 그룹마다 온도를 다르게 설정할 수 있는 커피머신도 있다.

커피머신의 보일러 중에서 가장 대중적인 형태인 일체형은 추출수가 메인 보일러를 관통하기 때문에 온도를 조절하고 싶다면 이곳부터 손써야 한다. 머신의 상판을 분리하면 마우스만한 크기의 검정색 플라스틱 박스가 보이는데, 여기에 있는 빨간색(또는 노란색) 캡의 나사를 돌리면 온도 조절이 가능하지만 미세한 조작은 어렵다.

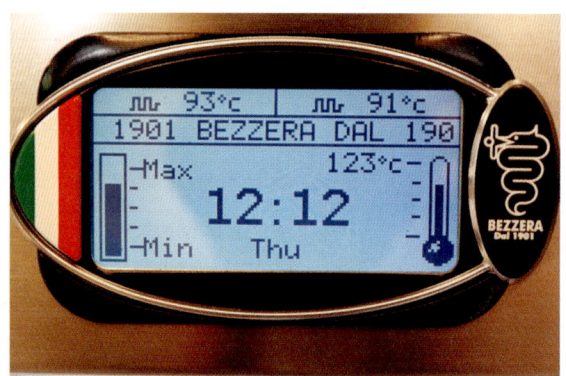

PID 기능을 지닌 2그룹 커피머신의 LED 화면. 맨 위에는 왼쪽과 오른쪽 그룹의 온도가 적혀 있으며, 아래에는 현재 날짜와 시간, 메인 보일러의 온도, 수위 등이 나와 있다.

PRESSURE

추출압력

압력은 기계적인 조작을 통해 맛에 변화를 줄 수 있는 또 다른 부분이다. 에스프레소 추출에 필요한 압력을 8~10bar*라고 하는데, 쉽게 말해서 에스프레소를 짜내는 힘의 개념이다. 하지만 압력 역시도 몇 *bar*로 추출해야 한다는 원칙은 없으므로 현재 사용하는 원두에 비추어 어느 정도의 압력이 적합한지 파악해야 한다.

추출압력은 커피머신의 앞면 하단이나 그룹헤드 아래에 있는 게이지를 통해 확인할 수 있다. 추출버튼을 누른 후에 바늘이 가리키는 숫자가 현재 머신에 설정돼 있는 압력이다. 커피머신이 정지된 상태에서는 정확한 압력을 측정할 수 없다는 것을 기억해야 한다.

압력도 온도처럼 평소에 자주 조절하는 것이 아니라 한번 정한 수치를 기준으로 하며, 다만 고정적으로 사용하던 원두를 교체하는 시점에서는 압력을 체크해볼 필요가 있다.

압력게이지 *pressure gauge*

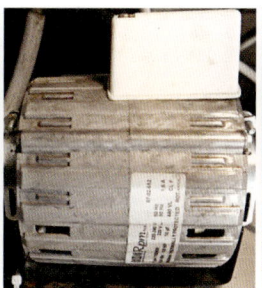
모터펌프 *motor pump*

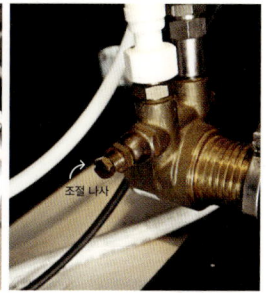
압력 조절 나사 *adjusting screw*

* 1bar=1.019716kg/㎠, 1㎠의 정사각형 공간에 1kg의 힘을 가한다는 의미.
* 압력 조절나사를 우측으로 돌리면 압력이 올라가고 좌측으로 돌리면 압력이 내려간다.

TDS

TDS

TDS란?

TDS는 *Total Dissolved Solids*의 줄임말로 '총 용존 고형물'이라는 뜻이며, 이는 액체에 녹아있는 고형물의 총량을 가리킨다. 육안으로 보는 것과 달리 실제로 커피에는 미세한 고형물이 상당수 포함되어 있고, 이것이 바로 커피의 맛을 내는 커피성분이다. 다시 말해 TDS란 커피 안에 들어있는 커피성분의 총량을 수치화한 것이다. 이는 커피의 농도와 깊은 연관이 있으며, 강도 *strength*로도 표현한다.

보통 커피성분은 분쇄원두와 물이 만났을 때 녹아 나오며, 고형물의 함량이 많을수록 커피의 농도가 진해진다. 프렌치프레스처럼 물에 닿는 분쇄원두의 표면적이 넓은 방식으로 커피를 내렸을 때 맛이 더 진한 것도 그런 이유에서다. 또한 농도는 커피의 바디*body*와도 연관된 개념이다. 바디는 커피를 머금었을 때 입안에서 느껴지는 무게감을 평가하는 항목으로, 흔히 커피 맛을 표현할 때 '바디가 강하다, 약하다'라고 이야기한다. 바디는 맛이 좋고 나쁨을 떠나서 고형물이 많을수록 무거워지고 적을수록 가벼워진다.

ESPRESSO EXTRACTION

TDS METER

TDS 측정기

TDS는 전용 측정기를 사용해 잴 수 있는데 기계마다 방식에 약간씩 차이가 있다. 측정기에는 전도도를 이용한 것과 굴절률을 이용한 것이 있다.

Conductivity
전도식 측정기

전기 전도율을 이용해 TDS를 측정하는 방식이다. 전해질인 커피성분은 전도성을 띄기 때문에 커피에 고형물이 많을수록 그 안에 더 많은 전기가 흐르게 된다. 전도식 측정기는 커피의 이러한 성질을 바탕으로 고형물의 함량을 예측한다. 가격대는 저렴하지만 고형물이 전부 이온화되지 않기 때문에 일부 측정이 불가능하고 정확성이 떨어진다.

Refractance
굴절식 측정기

빛의 굴절도를 이용해 TDS를 측정하는 방식이다. 물속에 물체를 담그면 공기와 물의 밀도 차이로 인해 빛이 움직이는 속도가 떨어지고, 상이 꺾여 보이는 현상이 발생하는데 이에 착안한 것이 굴절식 측정법이다. TDS는 굴절도와 비례하기 때문에 이를 토대로 TDS 값을 산출할 수 있다. 이 측정기는 당도를 측정할 때 사용하는 브릭스*brix* 굴절계를 기초로 개발됐으며, 굴절률에 고유의 상수 값을 곱해서 커피의 TDS를 수치로 변환해준다. 전도식 측정기에 비해 가격은 비싸지만 더 정확한 편이다.

TDS
MEASUREMENT

TDS 측정방법

준비물 | 굴절식 TDS 측정기, 증류수, 스포이트, 이소프로필알코올 티슈, 마른 천, 에스프레소, 주사기, VST COF/ESP 필터

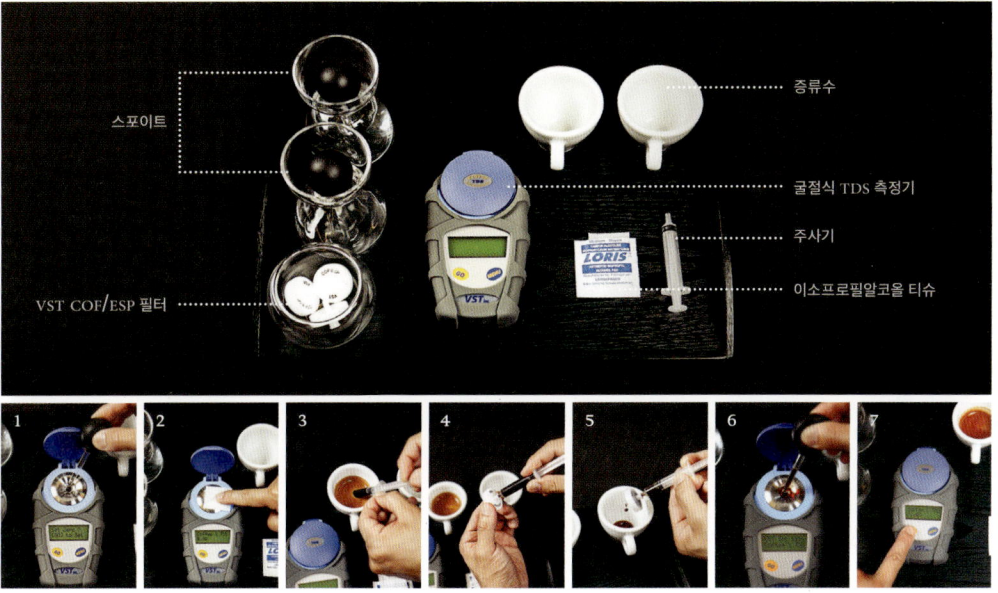

❶ 가장 먼저 측정기의 기준 값을 설정한다. 전원을 켜고 메뉴 버튼을 두 번 누르면 화면에 'Set Zero?'라는 메시지가 뜬다. 스포이트로 증류수를 1ml 가량 굴절계 위에 떨어뜨리고 덮개를 닫은 후 'Go' 버튼을 누른다. 마지막에 'Ready'라는 메시지가 나오면 설정이 완료된 것이다. ❷ 증류수를 마른 천으로 닦아낸 다음 같은 부분을 이소프로필알코올 티슈로 살짝 문질러준다. ❸ 에스프레소를 잘 섞은 후 주사기로 적당량을 빨아들인다. ❹ 주사기 끝에 VST COF/ESP 필터를 끼운다. ❺ 에스프레소를 주입하여 미분과 크레마를 거른다. 에스프레소가 10~40℃로 식을 때까지 잠시 기다린다. ❻ 스포이트로 에스프레소를 굴절계 위에 떨어뜨린다. ❼ 덮개를 닫고 'Go' 버튼을 누르면 본격적인 측정이 시작된다. 측정이 끝나면 에스프레소를 마른 천으로 닦아낸 다음 같은 부분을 이소프로필알코올 티슈로 살짝 문질러준다.

TIP
- 측정기에 자동 온도보정 기능이 갖춰져 있긴 하지만 샘플이 너무 뜨겁거나 차가우면 오차가 커지기 때문에 되도록 상온의 샘플로 약 30초의 보정 시간을 거친 후 측정하는 것이 좋다.
- 측정기를 연달아 쓸 때는 기준 값을 매번 새롭게 설정해야 정확한 수치를 얻을 수 있다.

BREWING RATIO

추출수율

BREWING RATIO

추출수율

바리스타 중에는 TDS와 추출수율의 개념을 혼동하는 이들이 많다. TDS가 커피의 농도 자체를 의미한다면, 추출수율은 원두에서 커피성분을 얼마만큼 추출했는지 표현한 수치다. 예를 들어 똑같은 양의 원두로 똑같은 양의 커피를 추출했을 때 그 안에 녹아있는 고형물이 A보다 B가 더 많다면 B가 A보다 추출수율이 높다고 말할 수 있다.

최근 다양한 향미를 지닌 스페셜티 커피가 트렌드로 대두되면서 고품질 원두의 개성을 밸런스 있게 살리기 위한 추출수율은 무엇인지에 대해 많은 이들이 관심을 갖게 되었다. 적정 수준의 추출수율을 이끌어내기 위해, 각각의 그린빈이 지닌 고유의 맛을 내기 위해 여러 방법이 논의되고 있는 추세다. 계량저울로 분쇄원두의 양을 정밀하게 측정하고, 원두를 최대한 균일한 크기로 그라인딩하며 미분을 최소화한 그라인더를 사용하는 등 완벽한 에스프레소를 추출하기 위해 고민을 거듭하고 있다.

01
concept
추출수율의 개념

$$\text{추출된 커피성분의 양} = [TDS(\%) \times \text{추출한 커피의 총량}(g)] / 100$$

$$\text{추출수율} = \frac{\text{추출된 커피성분의 양}(g)}{\text{사용한 원두의 양}(g)} \times 100$$

ONE. 사용한 원두의 양

추출수율 계산에서 분모 역할을 하는 값이다. 필터 바스켓에 담기 전 미리 분쇄원두의 양을 재거나 텅빈 포타필터로 계량저울의 영점을 맞춘 후 분쇄원두를 세팅하면 커피가루의 정확한 무게를 알 수 있다.

TWO. 추출된 커피성분의 양

같은 양의 원두를 같은 농도로 추출했더라도 추출된 커피의 양에 따라 추출수율은 달라질 수도 있다. 에스프레소는 추출 초반에서 후반으로 갈수록 농도가 낮아지는데, 룽고가 리스트레또보다 연하게 느껴지는 것도 그런 이유에서다. 때문에 추출량을 적거나 많게 한다고 추출수율이 무조건 높아진다고 할 수 없다. 적게 추출한 경우 커피의 농도 자체는 높을지 몰라도 추출에 사용한 원두의 양에 비해선 적은 양의 커피성분이 추출된 것이며, 반대로 많이 추출한 경우 역시 많은 양의 커피성분이 추출됐다 하더라도 커피 자체의 농도는 낮기 때문에 추출수율은 되려 떨어질 수도 있다.

TIP

- TDS와 추출수율이 아직도 헷갈린다면 A와 B, 두 가지 에스프레소가 있다고 가정을 해보자. 다른 조건은 주어지지 않은 상태에서 A의 TDS가 12%, B의 TDS가 11%라고 한다면 이 중에 추출수율이 더 높은 건 무엇일까? 정답은 '알 수 없다'다. 에스프레소를 추출할 때 사용한 원두의 양과 추출한 에스프레소의 양을 알려주지 않았기 때문이다. 만약 똑같이 18g의 원두로 동일한 분량의 에스프레소를 추출했을 때 A는 TDS가 12%, B는 TDS가 11%라고 한다면 이 경우 A의 추출수율이 더 높다고 말할 수 있다.

- 추출수율을 측정하기 위해서는 우선 아래의 세 가지 값을 알아야 한다.
  ① 사용한 원두의 양(g)
  ② 추출한 커피의 총량(g) 또는 추출에 사용한 물의 양(g)
  ③ TDS(%)

이 세 가지 값을 알면 간단한 계산만으로 대략적인 추출수율을 예측할 수 있다. 예를 들어 18g의 커피를 사용해 35g의 에스프레소를 추출했고, 이때의 TDS 수치가 12%라고 가정해보자. 위의 수식에 따라 계산해보면, 추출한 커피의 총량인 35g의 12%가 실제로 추출된 커피성분의 양이 되므로 커피성분, 다시 말해서 총 용존 고형물의 양은 4.2g이라고 할 수 있다. 또한 사용한 원두의 양인 18g 중에서 실제로 커피에 녹아든 커피성분의 비율이 추출수율이 되므로 이는 약 23.3%가 된다.

BREWING CONTROL CHART & GOLDEN CUP

브루잉 컨트롤 차트와 골든컵의 이해

01

brewing control chart
브루잉 컨트롤 차트

TDS 수치가 높다고 해서 커피가 항상 맛있는 것은 아니다. TDS가 커피 맛을 평가하는 기준 가운데 하나인 것은 분명하지만 절대적으로 커피의 품질을 보장하진 않기 때문이다. 추출수율도 마찬가지다. 커피를 추출시간별로 나눠서 맛을 보면 처음에는 짠맛과 신맛이 세게 느껴지다 추출이 진행될수록 단맛이, 이후에는 쓴맛이 강해진다. 이렇듯 커피에는 다양한 맛이 있고, 이들이 균형을 이루는 시점은 추출수율과 깊은 연관이 있다.

TDS와 추출수율을 비교하면 커피 맛을 어느 정도 감별할 수 있는데, 이를 표로 구성한 것이 바로 '브루잉 컨트롤 차트'다. 이 차트는 X축에는 추출수율, Y축에는 TDS를 표기해 커피추출에 관련된 각 수치들 간의 관계와 커피 맛의 뉘앙스를 한눈에 볼 수 있도록 구성했다. 하지만 브루잉 커피를 기준으로 작성됐기 때문에 에스프레소에 비하면 TDS가 다소 낮게 책정되어 있다.

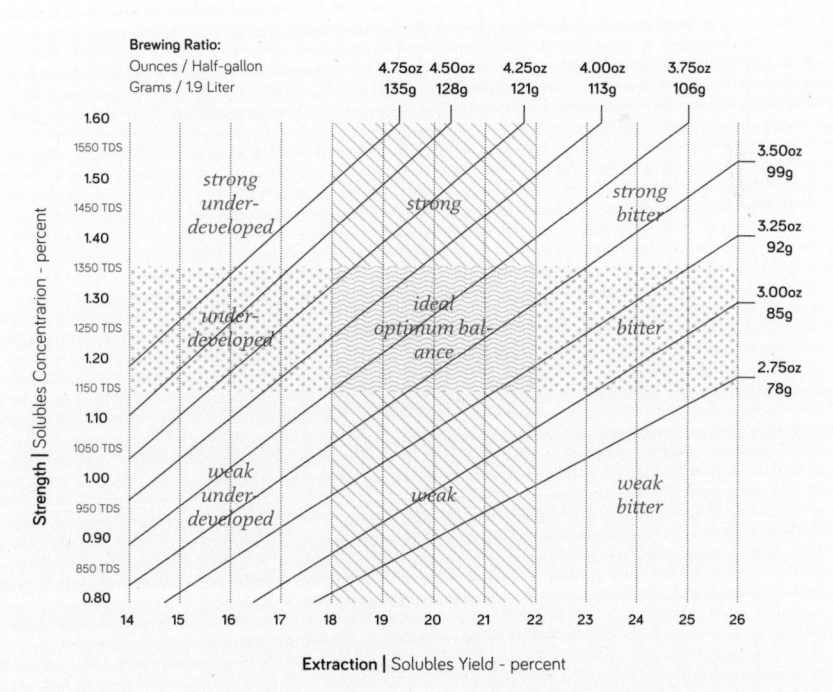

02

golden cup
골든컵

일찍이 1950년대부터 미국과 유럽에서는 커피와 물의 가장 좋은 비율을 찾기 위해 커피의 TDS와 추출수율을 꾸준하게 연구해왔다. 거듭되는 연구 끝에 골든컵(또는 *Ideal Optimum Balance*)이라는 개념이 생겼고, 이는 커피와 물의 최적의 밸런스를 제시했다. 여기에 해당되는 커피는 사람이 관능 평가를 했을 때 향미와 농도가 적절히 밸런스를 이루는 커피라고 느낄 수 있는 수준이다. 하지만 사람마다 커피 취향이 다르듯이 골든컵의 기준도 국가별로 선호하는 커피에 따라서 조금씩 다르다.

국가	추출수율 (%)	TDS (%)
미국스페셜티커피협회 (Specialty Coffee Association of America, SCAA)	18~22	1.15~1.35
유럽스페셜티커피협회 (Specialty Coffee Association of Europe, SCAE)	18~22	1.2~1.45
노르웨이 커피협회 (Norwegian Coffee Association)	18~22	1.3~1.55

골든컵의 범위는 브루잉 차트 상에서 중앙에 해당되며, X축이 골든컵을 기준으로 왼쪽이면 과소추출*Under-Extracted*, 오른쪽이면 과다추출*Over-Extracted*로 본다. 한편 Y축이 골든컵을 기준으로 위쪽이면 커피가 진하다*strong*는 것이고, 아래쪽이면 연하다*weak*는 것이다.

Espresso Brewing Control Chart 에스프레소 브루잉 컨트롤 차트

브루잉 컨트롤 차트는 브루잉 커피를 기준으로 만들었기 때문에 추출 성향이 완전히 다른 에스프레소 커피를 이 차트에 동일하게 적용하는 것은 무리가 있다. 에스프레소는 고온 고압으로 소량의 커피를 추출하기 때문에 농도가 상대적으로 진하며 차트 상의 Y축도 평균적으로 브루잉 컨트롤 차트에 비해 높은 곳에 위치한다. 이에 에스프레소 커피를 적용할 수 있는 브루잉 차트가 새로 개발되었다.

차트를 보는 법은 기존과 비슷하지만 에스프레소 브루잉 컨트롤 차트는 골든컵의 범주가 별도로 정해져 있지 않다. 그러나 TDS 측정기 제조사 중 하나인 VST 사의 추출수율 측정 프로그램에 따르면 에스프레소에 적합한 추출수율은 *18~21%*로 브루잉과 유사하고, *TDS*는 대상 범위를 리스트레또와 룽고 사이로 설정했을 때 *5~18%*가 가장 적당하다고 한다.

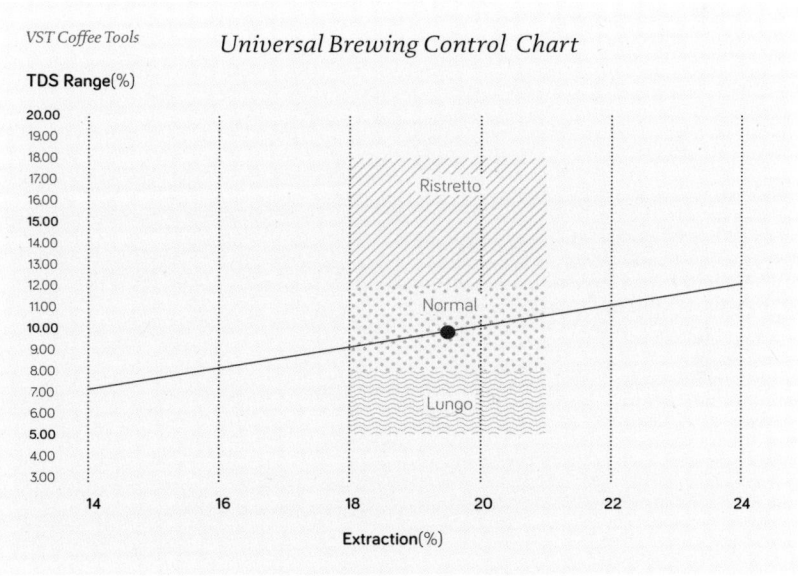

VST 사의 에스프레소 브루잉 컨트롤 차트

Notice 골든컵, 맹신은 금물

TDS와 추출수율은 어디까지나 측정을 통해 산출한 수치이므로 이것만으로 커피의 모든 향미를 설명하는 것은 어불성설이다. 항상 커피는 감각으로 느끼는 영역이라는 사실을 잊지 말고, 수치는 그저 객관적인 근거 자료로 커피의 품질을 유지하는 데만 활용한다.

ACTUAL
TEST

실전 테스트

지금까지 살펴본 것처럼 커피는 아무리 똑같은 원두로 반복해서 추출해도 그때그때 변수가 어떻게 작용하느냐에 따라 다른 맛이 날 수 있다. 이는 몇 가지 실험으로도 확인할 수 있는데, 다음의 간단한 테스트를 통해 실제로 커피 맛을 바꾸고 싶을 때 어떤 변수를 어떻게 조절해야 하는지 알아봤다. 지속적인 테스트를 통해 자신만의 커피를 찾아내는 데 도움이 되길 바란다. 참고로 실험은 실제 매장에서 조절 가능한 것에 한해서 이뤄졌고, 원두에 따라 달라질 수 있다는 점을 염두에 두자.

Basic elements 추출조건

- ☐ **원두** 먹구름 블랜드
- ☐ **필터 바스켓** VST 필터 바스켓 18g
- ☐ **추출수 온도** 93℃
- ☐ **추출 압력** 9bar
- ☐ **추출량** 34g

Result 추출조건별 비교실험의 결과

분류	도징 양(g)	추출량(g)	TDS(%)	추출수율(%)
대조군	18	35	10.70	21.56
TEST1 (추출수 온도)	18	34.1	10.42	20.46
TEST2 (추출량)	18	22.5	14.11	18.28
TEST3 (도징 양)	23	32.9	13.22	19.60
TEST4 (헤드 스페이스)	23	35.3	13.54	21.53

TEST 1   **추출수 온도에 따른 추출 결과의 차이**
대조군에 비해 온도가 낮은 91℃의 추출수로 뽑은 에스프레소는 TDS와 추출수율 모두 상대적으로 낮은 수치를 보였다. 온도가 낮을수록 커피에서 나오는 고형물의 양이 줄어드는 것을 확인할 수 있었다.

TEST 2   **추출량에 따른 추출 결과의 차이**
대조군에 비해 30% 가량 에스프레소를 적게 추출한 경우 TDS는 높지만 추출수율은 낮았다. 이는 사용한 원두에서 커피성분을 충분히 뽑아내지 못한 것으로 해석할 수 있다.

TEST 3   **도징 양에 따른 추출 결과의 차이**
이 테스트는 특별히 도징 양을 늘리는 대신 입자를 좀 더 굵게 조정해 추출했다. 이렇게 하지 않으면 추출속도가 느려지거나 추출 자체가 아예 되지 않기 때문이다. 그 결과 대조군에 비해 많은 양의 분쇄원두를 담아 동일한 양의 커피를 추출했을 때 TDS는 높게, 추출수율은 낮게 나왔다.

최근 들어 바리스타들 사이에는 그라인더를 세팅할 때 업도징 *up dosing*을 하는 경향이 나타나고 있다. 커피업계 트렌드가 커피의 산미에 중점을 두게 되면서 예전에 비해 로스팅 포인트도 전반적으로 낮아졌는데, 이는 커피의 바디가 부족하다는 단점이 있었다. 그래서 라이트 로스팅된 원두로도 바디가 높은 커피를 추출하기 위해 도징 양을 늘리고 추출시간을 줄인 것이다.

하지만 지나치게 많은 양의 분쇄원두를 담을 경우 필터 바스켓 내에 여유 공간이 없어 포타필터를 그룹헤드에 장착하기 힘들거나 추출을 마치고 봤을 때 커피 퍽(*coffee puck*, 에스프레소 추출 후에 남은 커피 찌꺼기)에 샤워 스크린 자국이 남을 수 있다. 이는 곧 필터 바스켓 내부의 높은 밀도로 인해 물길이 제대로 형성되지 못하고 과다추출이나 채널링 같은 문제가 일어날 수 있다는 것을 뜻한다.

업도징 추출 전 모습

업도징 추출 후 모습

TEST 4

헤드 스페이스에 따른 추출 결과의 차이

이번 실험은 세 번째 실험과 동일한 조건에서 필터 바스켓의 용량만 *22g*로 교체하여 헤드 스페이스를 확보한 후 추출 결과를 비교해봤다. 그 결과 세 번째 실험과 *TDS* 수치는 비슷했지만 추출수율이 대조군과 비슷할 정도로 늘어났다. 이는 곧, 더 많은 분쇄원두를 사용하면서도 추출수율을 그대로 유지하고 싶다면 필터 바스켓을 바꾸면 된다는 이야기다.

Head space 헤드 스페이스란?

헤드 스페이스란 필터 바스켓에 분쇄원두를 담고 남은 공간을 말한다. 브루잉 커피를 내릴 때도 마찬가지지만 일반적으로는 본격적인 커피추출 이전에 분쇄원두에 뜨거운 물을 약간 붓고 뜸들이는 과정을 거친다. 그러면 분쇄원두의 가스가 빠져나오면서 물길이 생기고 커피추출이 보다 원활해진다. 이를 난류 또는 터뷸런스*turbelence*라고 하며 이 원리는 에스프레소 추출에도 어김없이 적용된다. 커피머신의 프리 인퓨전*pre-infusion* 기능이 그것으로, 머신에 포타필터를 장착한 뒤 추출버튼을 누르면 뜨거운 물이 분사되면서 금세 분쇄원두가 부풀어 오른다. 그런데 만약 필터 바스켓에 분쇄원두를 과도하게 담는 바람에 포타필터와 그룹헤드의 사이에 틈이 없다면 난류가 일어나지 못하고, 분쇄원두와 물의 움직임이 둔해진다. 이로 인해 커피 퍽 안에 물길이 생기지 않으며 아무리 오랜 시간 추출해도 에스프레소가 나오지 않는 현상이 발생한다.

UNDER-STANDING BASIC INGREDIENTS

기본 재료의 이해

07

WATER

물

'커피'에는 크게 두 가지 뜻이 있다. 첫 번째는 재료로서의 커피로 커피체리의 씨앗인 생두를 말하며, 두 번째는 음료로서의 커피로 커피 추출액을 말한다. 생두는 정제와 건조, 로스팅 등의 가공을 거쳐 커피 추출액이 되는데 이 과정에서 반드시 필요한 것이 바로 물이다. 실제로 커피 추출액의 구성요소 중 고형성분은 단 2%에 불과하며 나머지 98%가 물에 해당된다. 커피 맛에서 물의 영향력은 의외로 상당하다. 똑같은 원두라도 추출에 사용하는 물의 성분에 따라 판이하게 다른 향미를 낸다. 때문에 물을 배제한 채 원두만으로 커피 맛을 조절하기에는 분명 한계가 있다. 이번 챕터에서는 물의 종류별 특징과 이를 커피에 적용할 수 있는 방법에 대해 알아보려고 한다.

01

type
물의 종류

이제는 가까운 마트나 편의점에서도 해양 심층수, 암반수, 알칼리수 등 여러 종류의 물을 만날 수 있다. 물은 경도와 수원지에 따라서 분류된다.

HARDNESS
경도에 따른 분류

경도란 물에 포함된 마그네슘과 칼슘 양을 탄산칼슘으로 환산한 값이다.
환산 값은 *1mg/ l* 를 경도 1이라고 하며, 이 값이 클수록 물속에는 미네랄 같은 광물질과 염류가 다량으로 포함되어 있다. 경도가 높은 물을 경수라고 하며 천연수 또는 센물이라고도 한다. 석회암 지대나 내륙분지, 호수나 지하수에는 경수가 많다. 반대로 경도가 낮은 물은 연수라고 한다.

(단위: mg · lv-1)

탄산칼슘의 함유량	50 이하	50~100	100~150	150~250	250 이상
분류	연수	보통 연수	약연수	보통 경수	경수

CATCHMENT AREA
수원지에 따른 분류

지하수
Underground Water

빗물은 증발하는 것을 제외하고 대부분 땅이나 지층, 암석 사이로 들어가는데 이곳에 흐르는 물을 지하수라고 한다. 물속에 무기염류가 녹아들었기 때문에 미네랄 성분이 풍부하다. 암반수, 광천수, 용천수 등이 지하수의 일종이다.

빙하수
Glacial Water

빙하가 녹아서 생긴 물을 마실 수 있게 정수한 것이다. 지구상에서 가장 크고 오래된 담수자원인 빙하는 오염되지 않아 불순물이 적고 수질이 매우 뛰어나다. 약알칼리성을 띄며 소량의 천연 원소가 포함되어 있다. 각종 성인병 예방에 효과적이다.

해양 심층수
Deep Ocean Water

태양광이 닿지 않는 바다 속 깊은 곳에 흐르는 물을 해양 심층수라고 한다. 광합성에 의한 유기물의 생산보다 분해가 더 활발하기 때문에 병원균 같은 유해물질이 적고, 인과 질소 등 영양분이 풍부하다. 미네랄의 함유량은 해수면의 바닷물과 별반 차이가 없다.

수돗물
Tap Water

호수나 하천에서 끌어온 물을 일상생활에서 쓸 수 있게 정수한 것이다. 수돗물은 오염물을 제거하는 과정에서 소독약품을 첨가하는데 이는 물이 공급되는 동안 번식할 수 있는 병원성 미생물을 방지하기 위해 넣는 것이며 주로 염소 성분으로 되어있다. 염소는 특유의 강한 향이 있기는 하지만 휘발성 물질이기 때문에 상온에서 3~4시간만 두면 금방 사라진다.

정수물
Purified Water

수돗물과 지하수를 필터에 걸러서 인공적으로 깨끗이 만든 물이다. 정수 방법에는 여과, 증류, 역삼투압 등이 있는데 일반적으로 가정과 카페에서는 여과식 필터를 사용한다. 하지만 필터 내부에 세균이 쉽게 번식할 수 있으므로 정기적으로 교환하는 것이 좋다.

Correlation 커피머신과 물의 상관관계

카페에 커피머신을 설치할 때 연수기나 정수기는 필수 아이템이다. 연수기는 수돗물과 지하수에 섞여있는 칼슘, 마그네슘 등의 양이온을 제거해 커피추출에 적합한 물을 만들어준다. 정수기는 수돗물 속의 염소를 걸러내 냄새를 없애고, 발암물질이 생기는 것을 방지한다. 정수기를 거친 물은 대부분 약알칼리성으로 변한다.

02

water tasting

브랜드별 물 테이스팅

COMPONENT
브랜드별 물의 성분

1~9번에 해당하는 물은 전부 지하에서 취수한 것이지만 구성 물질에 따라 종류가 더 구체적으로 나누어진다. 10번은 캐나다 빙하에서, 11번은 해저 500m에서 끌어올린 해양 심층수다.

	수원지	브랜드	칼슘	칼륨	마그네슘	나트륨	불소
1	지하수	아이시스 8.0	5~20	0~2	3~7	0~3	0~1
2	지하 암반수	삼다수	2.5~4	1.5~3.4	1.7~3.5	4~7.2	0
3	광천수	에비앙	78	1	24	3.8	0.2
4	지하 암반수	피지	18	5	14	18	0.24
5	지하 암반수	와일드 알프	42	0	12	1.97	0.02
6	용천수	히말라야스 온탑	1.3	0.7	0.46	0	0
7	광천수	볼빅	9~15	5~10	6~12	10~15	0~1
8	화산 암반수	백두산	3~5.8	1.4~5.4	2.1~5.4	4~9.1	0~1
9	용천수	오지 내추럴 스프링워터	2~20	0~5	4~10	20~80	0.1~0.5
10	빙하수	캐나다 아이스	9.5	0	1.8	1.1	0
11	해양 심층수	딥스	12~15	10~15	39~42	8~20	0

FLAVOR
물의 종류에 따른 커피 향미의 특징

하나의 원두가 11가지의 물에 어떻게 반응하는지 커핑을 통해 알아보았다.
커핑 결과는 수원지에 따라 지하수, 빙하수, 해양 심층수로 나눠서 비교 분석했다.

Coffee	Ratio	Cup Note
콜롬비아 수프리모 후일라 Colombia Supremo Huila	원두 11g 물 200ml	풋사과, 자몽, 파인애플, 시럽, 캐러멜, 꽃향기

	브랜드	물의 특징	커피 향미의 특징
1	아이시스 8.0	속리산 기슭의 지하 200m에서 끌어낸 천연 암반수. 칼슘, 마그네슘 등의 미네랄과 물속에 녹아있는 산소의 양이 풍부한 것으로 알려졌다. 약간의 단맛을 지니고 있으며 가벼운 바디가 느껴진다. 살짝 씁싸레한 뒷맛도 지니고 있다.	일반 정수물로 추출했을 때와 큰 차이가 없는 무난한 맛. 콜롬비아 커피 특유의 산미와 단맛을 잘 표현했으며 약간의 떫은맛과 쓴맛이 느껴졌다.
2	삼다수	한라산의 현무암질 천연 화산층을 투과하여 만들어진 화산 암반수다. 단맛, 부드러운 바디, 깨끗함이 특징이다.	
3	에비앙	알프스 산맥에서 취수한 물로 해발 4,800m의 알프스 만년설이 빙하 퇴적층을 일정한 속도로 통과하면서 자연적으로 여과된 것이다. 풍부한 미네랄을 함유하고 있으며, 특유의 산소 향이 느껴진다. 매끈한 바디와 단맛이 특징이다.	칼슘과 마그네슘 함량이 높은 에비앙은 물 자체에선 단맛이 강했지만 커핑에서는 오일리하며 쓰고 텁텁한 맛이 부정적인 인상을 남겼다.
4	피지	약 450년 전 피지 제도의 비티레부 Viti Levu 섬 일대에 내린 폭우가 화산암에 의해서 자연 정수된 것으로, 지하 대수층에 있던 물을 취수한 것이다. 단맛과 함께 레몬의 은은한 신맛이 느껴진다.	오래된 종이필터의 냄새와 나무향이 느껴졌고 거친 느낌과 쓴맛이 강했다.
5	와일드 알프	알프스의 와일드 알펜에서 취수한 베이비 워터. 다량의 천연산소가 들어있으며 특히 유아가 마시기에 적당한 양의 칼슘, 불소, 미네랄이 함유되어 있다. 특별한 향은 없으면서 전체적으로 단맛과 부드러움이 균형을 이룬다.	칼슘 함량이 가장 높았던 와일드 알프의 경우 전체적인 커피의 캐릭터가 약했다. 부드러운 맛을 느낄 수 있었으며 뒷맛에서 약간의 쓴맛이 났다.
6	히말라야스 온탑	해발 7,000m의 히말라야 산맥에서 취수한 물이다. 화산 폭발 시 생성된 화성암의 천연 규소층을 통과해 다른 물보다 규소 함유량이 높다. 상큼한 향과 청량감이 느껴지며 시큼한 맛과 단맛이 난다.	다른 지하수에 비해 미네랄 함량이 적었던 히말라야스 온탑은 커피 맛이 부드럽고 깔끔하긴 했지만 바디가 약해서 약간 밍밍한 느낌도 들었다.
7	볼빅	프랑스 오베르뉴Auvergne 지방의 볼빅 계곡에서 취수한 물이다. 오랜 시간 화산단의 자연 삼투층을 거쳤으며 미네랄이 적절하게 함유되어 있다. 광물질의 매끈하고 부드러운 맛과 깔끔한 뒷맛을 느낄 수 있다.	칼슘, 나트륨, 칼륨, 마그네슘 등 미네랄이 균형을 이뤘던 볼빅은 바디는 가장 묵직했지만 커피의 전체적인 특징은 뚜렷하지 않았다.
8	백산수	중국 지린성의 백두산 자락에서 취수한 물이다. 빗물이 화산 폭발로 생긴 암반층을 통과하며 자연 정수된 것이다. 미네랄이 풍부하고 특별한 향은 없지만 전반적으로 약간의 단맛과 부드러움을 느낄 수 있다.	백산수는 아이시스, 삼다수와 성분은 물론 물의 특징도 비슷했지만 커피를 추출하자 쓴맛과 떫은맛, 흙냄새 등이 강하게 났다.
9	오지 내추럴 스프링워터	호주의 청정 지역인 퍼스Perth에서 취수한 천연 용천수. 향은 없지만 가벼운 바디, 부드러운 목넘김과 깔끔한 뒷맛이 특징이다.	나트륨이 가장 많이 들어있던 오지는 커피로 내렸을 때 부드럽긴 했지만 뒷맛이 텁텁했다.
10	캐나다 아이스	캐나다 밴쿠버 섬의 빙하 지역인 로즈월 크릭 주립공원 내의 산 정상에서 흘러내린 빙하수를 필터로 살균 처리했다. 경도가 30mg/l 인 연수로, 박하 향과 청량감이 느껴지고 좋은 단맛이 난다.	고무 냄새가 나고 단맛과 신맛이 적었으며, 쓴맛과 떫은맛이 강하게 올라왔다.
11	딥스	속초 인근의 동해 해저 500m에서 취수한 해양 심층수. 심층수는 해수면의 바닷물과 밀도차가 커서 섞이지 않고 대류에 의해 순환하므로 일반적인 바닷물과 성분이 전혀 다르다. 부드러우며 은은한 단맛과 깔끔함이 특징이다.	미네랄 함량이 가장 높았지만 커피 맛에서는 별다른 차이를 보이지 않았다. 정수물로 추출한 커피와 뉘앙스가 비슷했지만 단맛은 두드러졌다.

FLAVOR
종합 평가

11가지 브랜드의 물은 미네랄 함량에 따라 커피 향미에서 어느 정도의 차이를 보였다. 또한 물속 미네랄이 커피의 농도와 촉감에 영향을 준다는 사실도 대략적으로 추측할 수 있었다. 실제로 미네랄 함량이 가장 적었던 히말라야스 온탑이 클린컵(*Clean cup*, 커피의 깔끔한 정도, 맑기. 맨 처음 커피를 입에 머금은 순간부터 뒷맛까지 맛을 방해하는 부정적인 느낌이 적어야 클린컵의 평점이 높아진다)에서 좋은 평가를 받았다. 하지만 해양 심층수의 경우 미네랄 함량이 평균적으로 높았음에도 커피 맛이 큰 변화를 보이지 않은 것으로 미뤄볼 때, 미네랄 함량이 부정적인 영향을 끼친다고 단정짓기에는 무리가 있었다. 대체적으로 미네랄이 많은 경우 커피 본연의 색과 단맛이 살아나는 경향이 있었다.

하지만 물 자체의 특징이 커피 향미에 그대로 반영되는 건 아니었다. 한 가지 예로 빙하수는 특유의 청량감이 처음에는 긍정적으로 작용했지만 커핑에서는 오히려 떫은맛으로 표현되며 부정적인 인상을 남겼다. 대신 물이 지닌 향이 커피에 부정적으로든 긍정적으로든 영향을 줄 가능성이 높다는 것을 확인할 수 있었다. 수원지에 따라 커피 맛이 달라지는 점도 드러났는데 *1, 2*번 지하수와 *10*번 빙하수의 미네랄 함량은 비슷했지만 커피 맛은 확연히 달랐다.

이번 실험을 통해 물이 가지고 있는 각각의 성분을 독자적으로 비교하기는 어려웠다. 여러 가지의 구성 물질이 복합되어 있는 상태라서 인과관계를 정확하게 파악할 수 없었기 때문이다.

Brewing Water
커피추출에 적합한 물은?

일반적으로 커피추출에 적합한 물은 냄새가 없고 맑아야 하며, 염소 성분이 제거되어야 한다는 것이 정석이다. 또한 여러 참고자료를 취합해봤을 때 연수는 산미가 있고 부드러운 커피를 추출할 때, 경수는 개성이 강하고 쓴맛이 있는 커피를 추출할 때 사용하는 것이 적절하다. 하지만 물은 각자 주어진 환경과 조건에 따라서 천차만별로 달라지는 부분이다. 때문에 물의 성분을 참고하되 우선은 커피 향미에 영향을 주는 향부터 없애는 것이 커피 본연의 향을 살리는 가장 좋은 방법이 아닐까 싶다.

MILK

우유

라떼, 카푸치노, 모카 등 우리가 흔히 즐겨 마시는 커피 메뉴는 물론 스무디, 프라페 등의 논커피 *non-coffee* 메뉴에도 우유는 필수적이다. 더군다나 커피는 다른 음료에 비해 기타 부재료가 차지하는 비중이 적기 때문에 우유가 맛에 미치는 영향이 훨씬 크다. 그럼에도 아직까진 우유에 대한 인식이 부족해 명확한 기준 없이 가격과 편의에 의존해 제품을 결정하는 이들이 대다수다. 품질이 낮은 우유는 커피 본연의 맛을 제대로 살리지 못하고 심한 경우에는 오히려 맛을 반감시킬 수 있으므로 바리스타들은 우유에 대한 기본 상식을 알아둘 필요가 있다. 점차 세분화되는 소비자들의 기호에 맞게 다양한 우유가 출시되고 있으며, 더 나은 품질의 우유를 위해 여러 가공 방식이 개발되는 추세다.

○ 01

type
우유의 종류

FAT CONTENT
지방 함량에 따라

저지방 우유와 탈지 우유는 일반적인 전지 우유보다 유지방이 적다. 탈지 우유는 지방이 0.1% 이하라 건강과 다이어트에 관심이 많은 소비자들의 요구에 맞춰 갈수록 사용량이 늘고 있다.

Whole Milk — 일반 우유
Low Fat Milk — 저지방 우유

일반 우유 *whole milk*
지방을 제거하지 않은 우유.
약 3.2~4%의 지방을 함유하고 있다.
흔히 말하는 전지 우유를 지칭한다.

저지방 우유 *low fat milk*
지방을 줄인 우유.
약 1~2%의 지방을 함유하고 있다.

무지방 우유 *non fat milk*
지방을 제거한 우유.
약 0.1% 이하의 지방을 함유하고 있다.
탈지 우유라고도 부른다.

PROCESSING
가공 방식에 따라

우유 가공의 핵심은 바로 살균이다. 살균은 우유에 열을 가해 박테리아를 박멸하는 작업이다. 박테리아는 소젖을 짜내는 과정에서 생기며, 이는 우유의 성분인 당, 단백질, 지방을 녹이고 물에 들어있는 유기화합물을 뺏어간다. 일반적으로는 열을 가해 박테리아를 박멸하는데, 이 과정에서 단백질 내의 황 원소가 좋지 않은 향미를 낸다. 이러한 문제를 해소하기 위해 여러 살균법이 고안되었으나 이마저도 각각 장단점이 있으므로 주어진 여건에 따라 알맞은 제품을 선택하면 된다.

저온 살균 *pasteurization*

원유에 약 30분 동안 60~65℃의 열을 가해 살균하는 방법. 시중에 판매되는 우유의 가공 방식 중에서 과정이 제일 단순한 것으로, 상대적으로 낮은 온도에서 가공하기 때문에 고온에 의해 우유에 나쁜 향미가 생기는 것을 최대한 줄일 수 있다. 인체에 유해한 미생물만 제거하며, 비타민이 파괴되거나 단백질이 변성될 확률이 낮고 칼슘 흡수율이 높다는 장점이 있다. 다만 박테리아를 99%만 박멸시키기 때문에 나머지 1%가 우유의 유통기한을 10일 내외로 제한한다는 단점이 있다.

고온 순간 살균 *UHT (Ultra High Temperature)*

원유에 약 2~3초 동안 130~135℃의 열을 가해 살균하는 방법. 시중에 판매되는 우유의 가공 방식 중 가장 일반적인 형태에 속한다. 다른 방식에 비해 상대적으로 높은 온도에서 가공하기 때문에 고온에 의한 나쁜 향미는 발생할 수 있지만 박테리아를 100% 제거하여 실온에서도 1년 가까이 보관 가능하다. 대량 생산과 유통이 용이해서 매일 신선한 우유를 차가운 상태로 배송하기가 어려운 연평균 기온이 높은 나라, 국토가 넓고 산간 지역이나 섬이 많은 나라에서 주로 마신다. 하지만 다른 방식에 비해 우유의 영양소가 상당수 파괴된다는 단점이 있다.

ETC.
기타

락토 프리 우유 *lactose free milk*

일반 우유의 젖당 성분인 락토스*lactose*를 제거한 것이다. 전지 우유에는 락토스가 4.5% 정도 포함돼 있는데, 이로 인해 우유를 마셨을 때 복통이나 소화불량, 설사 등을 겪는 사람들이 있다. 이를 '유당불내증'이라고 하며, 특히 아시아인에게 많이 나타난다. 락토 프리 우유는 이러한 문제를 해결하기 위해서 개발됐다.

두유 *soy milk*

콩의 액상 추출액. 우유와 성분이 유사하면서도 젖당 성분이 없어 유당불내증이 있는 사람도 우유 대신에 마실 수 있다.

강화우유 *fortified milk*

일반 우유에서 특정 성분의 함량을 높인 우유를 말한다. 주로 미네랄, 비타민, 단백질 등의 영양소를 첨가한다. DHA, 칼슘 등을 더해서 만든 강화우유가 느는 추세다.

02

milk tasting
브랜드별 우유 테이스팅

다양한 브랜드의 우유제품 중에서 10개를 선정해 테스트했다. 스티밍 전후와 카푸치노로 만들었을 때로 유형을 나눠 진행했다. 현재 시판되는 우유 대부분이 고온 순간 살균 방식을 취하기 때문에 지방 함량에 따라 실험군을 구분했다.

BEFORE STEAMING
스티밍 전 우유의 맛

아래의 표에서 1~6번은 지방함량이 3.2~4%에 속하는 일반 우유이며, 7~9번은 지방함량이 1~2% 혹은 그 이하인 저지방 우유고 10번은 지방함량이 0.1% 미만인 무지방 우유다.

	브랜드	살균방법	탄수화물	당류	단백질	지방	콜레스테롤	나트륨	칼슘	TDS
1	A	≤130℃ / 2초 살균	5g	5g	3g	4g	10mg	50mg	100mg	10.50%
2	B	≤130℃ / 2~3초 살균	4.5g	4.5g	3g	4g	15mg	50mg	100mg	9.72%
3	C	135℃ / 2초 살균	4.5g	4.5g	3.5g	3.25g	15mg	50mg	100mg	10.17%
4	D	≤130℃ / 2초 살균	5g	5g	3g	4g	15mg	50mg	100mg	10.38%
5	F	≤130℃ / 2~3초 살균	5g	5g	3g	4g	12.5mg	52.5mg	108mg	10.21%
6	E	≤130℃ / 2~3초 살균	4.5g	4g	3g	4.2g	10mg	50mg	105mg	10.52%
7	G	≤130℃ / 2초 살균	5g	5g	3g	1g	2.5mg	50mg	100mg	9.14%
8	H	≤130℃ / 2~3초 살균	5g	5g	0.8g	0.4g	5mg	50mg	22mg	9.49%
9	I	≤130℃ / 2초 살균	5g	5g	3g	1g	5mg	50mg	230mg	8.74%
10	J	≤130℃ / 2~3초 살균	5g	4.5g	3g	0g	0mg	50mg	220mg	8.50%

일반 우유 *Whole milk*

일반 우유군의 TDS는 다른 우유군에 비해 1% 이상 높은 수치를 보였다. 전지 우유 특유의 단맛과 고소함, 매끄러운 촉감이 느껴졌다.

저지방 우유와 무지방 우유 *Low Fat, Non Fat Milk*

육안으로 봤을 때도 일반 우유군에 비해 살짝 노란빛이 도는 반투명색이다. 마셨을 때의 촉감은 훨씬 부드러웠으며 단맛이 있긴 했지만 일반 우유군과 달리 분유에 가까운 맛이었다. 저지방 우유와 무지방 우유는 맛을 구분할 수 있을 정도로 큰 차이를 보이진 않았다.

AFTER STEAMING
스티밍 후 우유의 맛

밀크 스티밍은 *180ml*씩 약 *60℃* 에서 진행됐다.

일반 우유 *Whole milk*

스팀밀크 고유의 단맛과 담백함이 느껴졌고, 우유를 마신 후에도 입안에서 달콤한 뒷맛이 은은하게 났다. 각 제품을 구분할 수 있을 만큼 확연한 차이는 없었지만 1번 제품의 바디와 밸런스가 유독 기억에 남았다.

저지방 우유와 무지방 우유 *Low Fat, Non Fat Milk*

일반 우유에 비해 바디 등 맛의 캐릭터가 전체적으로 약했으며, 무지방 우유는 저지방 우유와 마찬가지로 바디는 감소했으나 달달한 향미는 살짝 남아있었다.

CAPPUCCINO
카푸치노로 만들었을 때 우유의 맛

6oz 용량의 카푸치노 잔에 에스프레소 *1샷*과 스팀밀크를 붓고 우유거품은 *1cm* 정도 올려서 완성했다. 원두는 먹구름 블랜드를 사용했다.

일반 우유 *Whole milk*

모든 우유가 비슷한 느낌이었다. 구운 땅콩과 아몬드 같은 견과류의 맛이 선명했고, 캐러멜이 연상되는 단맛과 적당한 쓴맛의 밸런스가 좋았다. 저지방이나 무지방 우유에 비해 바디는 묵직했지만 전체적으로 약간 거친 느낌이 있다.

저지방 우유와 무지방 우유 *Low Fat, Non Fat Milk*

일반 우유보다 고소함과 쓴맛이 적었다. 부드러운 단맛은 느껴졌으나 밸런스 측면에서 그렇게 뛰어나지는 않았다. 나무나 종이필터의 부정적인 향미가 느껴졌으며, 카푸치노 하면 떠오르는 단맛은 있었지만 원두의 개성은 잘 살리지 못했다.

Test 우유를 선택하기 전 테스트는 필수다

실험 결과 우유의 지방이 커피의 단맛과 바디 같은 다양한 향미를 이끌어내는 데 어느 정도 역할을 한다는 결과를 도출할 수 있었다. 또한 종합적으로 봤을 때 일반 우유군이 타 우유군에 비해서는 커피 맛이 비교적 나았다. 하지만 위의 테스트가 모든 조건을 통제한 상태에서 진행된 것은 아니기 때문에 절대적이라고 볼 수는 없다. 다만 우유의 구성 성분에 따라 전체적인 커피 맛의 뉘앙스가 달라질 수 있다는 것을 참고하도록 하자. 우유를 선택할 때도 여러 제품을 준비해 실제로 음료를 만들어본 후 결정한다.

ICE

얼음

얼음은 아이스 메뉴를 만드는 데 생각보다 더 중요한 역할을 한다. 음료를 차갑게 만들어주는 것은 물론 종류에 따라서 사각얼음, 반달얼음, 조각얼음, 가루얼음 등 모양이 가지각색이라 음료를 다양하게 연출할 수 있다. 또한 얼음은 음료 맛에도 많은 영향을 주기 때문에 얼음의 상태를 조금이라도 파악할 수 있다면 도움이 될 것이다.

얼음을 선택할 때는 우선 그 쓰임새부터 구분해야 음료의 퀄리티를 높일 수 있다. 재료를 얼릴 때 쓰는 것인지, 아니면 단순히 차가운 상태로 유지시키는 용도인지에 따라 알맞은 얼음이 따로 있기 때문이다. 얼음의 형태는 제빙기 브랜드마다 다른데, 그 크기에 따라 잔에 담기는 얼음의 개수에도 차이가 난다. 이에 따라 얼음이 녹는 속도도 달라지며 음료의 농도를 좌우하게 된다.

일반적인 카페에서는 정육면체 모양의 얼음을 가장 많이 사용하는데, 얼음이 금방 녹지 않아서 오랫동안 음료를 시원하게 즐길 수 있다. 한편 패스트푸드점이나 커피 프랜차이즈에서는 대부분 정육면체 얼음의 절반 크기인 직육면체 얼음을 쓰기 때문에 얼음이 금세 녹아버리고 음료의 맛도 쉽게 묽어진다. 최근엔 아이스 아메리카노에 가루얼음을 수북이 쌓아주는 카페도 등장했다.

01

ice machine
제빙기

제빙기는 얼음을 만들어주는 기계로 수도와 전기를 연결하는 것만으로 대량의 얼음을 간편하게 얻을 수 있다. 때문에 대다수의 카페에서 제빙기를 구비하고 있으며, 특히 여름철에는 매출과 직결되는 필수품이다. 제빙기를 구매할 때는 초기 비용과 유지비, 생산량 등을 고려해 가장 적절한 제품을 골라야 한다.

PRINCIPLE
제빙기의 원리

제빙기는 냉장고 냉동실과 원리가 유사하다. 압축기에 들어온 저온저압의 가스를 고온고압으로 압축하여 액화시킨 다음 다시 기화시키는 과정에서 물이 얼음으로 변하는 것이다. 제빙기는 타이머에 설정된 속도에 맞춰 얼음을 만들어 내는데 그 주기를 짧게 조정하면 두께가 얇은 얼음을 많이 만들 수 있고, 길게 조정하면 비록 적은 양이지만 두께가 두꺼운 얼음이 나오게 된다. 얼음을 생산하는 방식에는 물을 이용하는 수냉식과 공기를 이용하는 공냉식 두 가지가 있으며, 가격 차이가 있기 때문에 제품의 사양을 꼼꼼히 따져본 후 구입해야 한다.

수냉식 *Water-cooling*

고압가스를 물로 액화시키는 방식. 제빙기에서 발생한 열을 기계 내부를 도는 물로 식힌다. 물 소비량이 많지만 소음과 전기 사용량이 적어 효율적이다.

공냉식 *Air-cooling*

고압가스를 공기로 액화시키는 방식. 제빙기에서 발생한 열을 외부와 연결된 팬을 이용해 공기로 식힌다. 팬이 작동하기 때문에 열이 발생하고 전기 사용량도 많다.

CAPACITY
제빙기의 용량

제빙기의 용량은 브랜드에 따라 50kg부터 270kg까지 다양한 제품이 출시돼 있으며, 보통은 매장 규모에 맞춰 선택한다. 10평 내외의 공간에 기본 메뉴만 갖춘 카페라면 50kg, 20~30평은 70kg, 40평 이상의 중대형 카페는 80kg 정도의 제빙기가 적절하다. 하지만 카페가 속한 상권에 피크타임이 있는지, 아이스 음료가 얼마나 꾸준히 판매되는지 등의 추가적인 변수도 고려해야 한다. 규모가 작아도 아이스 메뉴의 비중이 높은 카페라면 대용량의 제빙기를 사용해도 된다.

Accounting 얼음 사용량 계산법

시중에서 판매되는 얼음 1봉지(약 3kg)를 기준으로 계산해보면 하루 동안 카페에서 사용하는 얼음의 양이 얼마나 되는지 대략 가늠할 수가 있다.

봉지 얼음의 개수	제빙기 용량
5~15개	45kg
15~22개	65kg
30~80개	240kg
80개 이상	480kg

USAGE
제빙기의 올바른 사용법

제빙기는 카페에서 가장 넓은 면적을 차지하는 장비이기 때문에 제빙기를 들이기 전에 자리를 미리 정해야 한다. 급수가 원활한지 살피고, 적정 온도의 물을 사용하는 것은 기본이다. 제빙기를 처음 개시할 때나 한 번 청소한 후에 사용하는 경우에는 첫 번째 나온 얼음은 버리고 두 번째 얼음부터 쓰는 것이 위생상 좋다. 또한 얼음을 꺼낼 때 쓰는 스쿱은 손에 닿기 때문에 위생상 되도록 제빙기 밖에 보관하며, 하루 한 번 이상 세척한다.

SUB INGREDIENTS

부재료

syrup
시럽

카페에서는 음료에 맛과 향을 더하기 위해 갖가지 시럽을 활용한다. 그중에서 가장 기본이 되는 설탕시럽은 단맛을 높이는 용도로 사용하며, 이밖에 향이 들어간 시럽은 음료에 향을 내는 데에 목적이 있다. 바닐라, 캐러멜, 너트, 스트로베리, 블루베리와 같이 수많은 제품이 나와 있으므로 메뉴 각각의 성격에 맞게 골라 쓰면 된다.

sauce
소스

시럽과 달리 소스는 주로 음료의 맛을 내기 위해서 첨가하는 부재료다. 주로 초콜릿과 화이트 초콜릿, 캐러멜 소스를 많이 쓰며, 소량만 넣어도 맛이 확연하게 달라진다. 핫 초콜릿과 프라페처럼 초콜릿과 캐러멜이 주를 이루는 메뉴에 많이 들어간다. 완성된 음료에 소스를 뿌려 데코레이션을 하기도 한다.

바닐라시럽
vanilla syrup

캐러멜시럽
caramel syrup

초콜릿소스
chocolate sauce

캐러멜소스
caramel sauce

Illustration by Kim hyang

Accounting 설탕 시럽 만들기

설탕과 뜨거운 물을 1:1 비율로 넣고 설탕이 전부 녹을 때까지 저어주면 완성이다. 시럽은 한 방향으로만 저어주어야 하며, 미지근해질 때까지 상온에서 식힌 다음 냉장 보관한다. 당도가 부족하다 싶으면 개인 기호에 맞춰 설탕의 양을 늘려도 된다.

COFFEE MENU

01

ESPRESSO

모든 커피메뉴의 기본,
에스프레소

에스프레소는 그 자체로 하나의 커피메뉴지만 우리가 흔히 접하는 대부분의 커피메뉴에서 베이스가 되며, 이러한 음료를 보통 에스프레소 베리에이션 커피라고 한다. 이렇듯 에스프레소가 커피의 맛을 좌우하므로 바리스타는 사용하는 원두의 특성에 맞게 커피머신과 그라인더의 세팅을 지속적으로 바꿔가면서 원두 본연의 개성을 뚜렷이 살릴 수 있어야 한다. 이 책의 레시피에 실린 에스프레소는 다음의 세 가지 블랜딩 원두 중 한 가지를 더블 바스켓(약 14g) 기준으로 두 잔 추출한 것이다. 블랜드에 따라 원두가 지닌 성격도 제각각이기 때문에 이에 맞춰 세팅도 다르게 조절했다.

BLENDS FOR MAKING COFFEE

Tangerine *Dark Clouds* *Dacho*

Tangerine 탠저린

워시드 *washed*와 내추럴 *natural*로 가공한 두 종류의 에티오피아 커피를 블랜딩한 원두. 감귤류와 재스민의 풍부한 아로마 *aroma*, 꿀과 체리의 단맛, 크리미 *creamy*한 마우스필 *mouthfeel*과 애프터 테이스트 *aftertaste*의 긴 여운이 인상적이다.

Tasting Note		
Body	★★★☆☆	
Acidity	★★★★☆	
Sweetness	★★★★★	
Balance	★★★★☆	

원두 양 22g
추출량 싱글 20g (25ml)
　　　　도피오 40g (50ml)

Dark Cloud 먹구름

브라질 펄프드 내추럴 *pulped natural* 커피와 케냐 워시드 커피를 블랜딩한 원두. 블랙커런트와 청포도, 딸기의 아로마, 라임과 시럽이 연상되는 부드러운 단맛과 산미를 느낄 수 있다. 입안을 도톰하게 감싸는 바디와 깔끔한 애프터 테이스트도 갖췄다.

Tasting Note		
Body	★★★★☆	
Acidity	★★★☆☆	
Sweetness	★★★★☆	
Balance	★★★★☆	

원두 양 22g
추출량 싱글 19g (25ml)
　　　　도피오 38g (50ml)

Dacho 다쵸

브라질 펄프드 내추럴 커피와 에티오피아 내추럴 커피를 블랜딩한 원두. 묵직한 바디와 초콜릿과 감귤류의 은은한 아로마, 다크 초콜릿과 시나몬의 달콤 쌉쌀함이 뛰어난 밸런스를 이룬다.

Tasting Note		
Body	★★★★☆	
Acidity	★★★☆☆	
Sweetness	★★★☆☆	
Balance	★★★★★	

원두 양 22g
추출량 싱글 18g (25ml)
　　　　도피오 36g (50ml)

Ristretto
리스트레또

리스트레또는 일반적인 에스프레소에 비해 적은 양을 짧게 추출한 것이다. 에스프레소보다 커피성분이 더 농축돼 있기 때문에 농도가 진하고 향미가 강하다. 추출과정을 살펴보면 초반에는 짙은 갈색의 커피 추출액이 가늘게 나오다가 후반으로 갈수록 점점 색깔이 옅어지고, 추출액의 줄기가 굵어지면서 흔들리는 현상을 볼 수 있다. 처음에는 짠맛과 산미가 도드라지다 중반에는 단맛과 산미가 균형을 이루고, 마지막엔 쓴맛이 강해진다.

Lungo
룽고

룽고는 리스트레또와 반대로 추출시간이 상대적으로 길고, 추출량도 많은 에스프레소를 뜻한다. 추출시간이 길어지면서 뒤로 갈수록 점점 커피의 농도가 옅어지고 맛에서도 연한 느낌이 든다. 커피성분의 비율이 낮기 때문에 리스트레또나 에스프레소에 비해 향미가 지닌 개성이 약하고 쓴맛은 좀 더 두드러진다.

Doppio
도피오

도피오는 더블 에스프레소를 의미한다. 룽고가 추출시간을 늘려서 더 길게, 더 많이 추출한 연한 농도의 에스프레소라면, 도피오는 두 잔 분량의 에스프레소를 한 잔에 담은 것이다.

TIP
디자인도 사이즈도 가지각색인 데미타세

보통 데미타세의 용량은 2~3oz 사이며, 룽고나 도피오 메뉴도 충분히 담을 수 있다. 일반적으로는 도자기 소재로 만들어 열 손실을 최소화하며, 두께가 두꺼울수록 보온이 잘된다.

02

NOT REQUIRED
SUB INGREDIENTS

부재료를 사용하지 않는
커피메뉴

아메리카노, 라떼, 카푸치노 등 카페의 메뉴 구성에 기본이 되는 음료는 에스프레소, 물, 우유 이외의 다른 부재료가 거의 들어가지 않아 커피의 특징을 좀 더 뚜렷하게 느낄 수 있다. 대중적으로 사랑받는 커피메뉴인 만큼 이 책에서는 밸런스가 좋은 먹구름 블랜드를 바탕으로 누구나 부담 없이 즐길 수 있는 맛을 냈다.

Blend	먹구름 (브라질 펄프드 내추럴 + 케냐 워시드)
Tasting Note	딸기, 블랙커런트, 라임, 청포도, 시럽 *Body* ★★★★☆ *Acidity* ★★★☆☆ *Sweetness* ★★★☆☆ *Balance* ★★★★☆

AMERICANO

아메리카노

SIZE	INGREDIENTS
10oz	에스프레소 1샷 뜨거운 물 240ml

아메리카노는 에스프레소의 진한 농도와 강한 향미가 부담스러운 이들을 위해서 에스프레소에 물을 희석한 연한 커피다. 이 책에서는 일반적인 머그컵 용량(약 *300ml*)에 맞춰 레시피를 정했지만 물 양은 개인의 취향에 따라 자유롭게 조절하면 된다.

RECIPE

1. 잔에 에스프레소를 붓는다.
2. 뜨거운 물을 붓는다.

TIP 아메리카노와 롱블랙의 차이점

영국, 호주, 뉴질랜드 등지에서는 아메리카노가 롱블랙*long black*으로 통한다. 둘 다 에스프레소에 물을 희석한 점은 같지만 굳이 따지자면 아메리카노는 에스프레소를 먼저, 롱블랙은 물을 먼저 붓는 것이 포인트다. 롱블랙은 에스프레소를 나중에 따르기 때문에 표면 위에 크레마가 남아있고, 덕분에 커피 향미가 더욱 선명하다. 대부분의 국내 카페에선 이 두 가지 메뉴를 크게 구분하지 않고 있다.

ICE AMERICANO
아이스 아메리카노

SIZE
13oz

INGREDIENTS
얼음 적당히
차가운 물 적당히
에스프레소 1샷

RECIPE

1. 유리잔에 얼음을 가득 담는다.

2. 차가운 물을 잔의 9부까지 붓는다.

3. 에스프레소를 붓는다.

CAFE LATTE

카페 라떼

SIZE	INGREDIENTS
13oz	에스프레소 1샷 우유 300ml

라떼는 이탈리아어로 우유를 의미하며, 카페 라떼는 이름 그대로 에스프레소에 우유를 섞은 메뉴다. 원두와 우유의 종류, 비율에 따라 맛이 천차만별이므로 여러 번의 테이스팅을 거쳐 레시피를 정하도록 한다.

TIP 카페 라떼의 우유거품 높이는 1cm 이하를 유지하자

카푸치노와 카페 라떼의 차이는 우유거품의 두께에 있다. 카페 라떼는 카푸치노에 비해 상대적으로 우유거품의 비율이 낮은 편이며, 높이가 1cm 이하인 우유거품이 가장 적당하다.

RECIPE

1. 잔에 에스프레소를 붓는다. 커피머신의 드립 트레이와 포타필터 스파웃 사이 간격이 충분하다면 잔을 드립 트레이에 올려서 바로 에스프레소를 받아도 된다.

2. 스팀피처에 우유를 넣고 스티밍한다.

3. ①에 스티밍한 우유를 붓는다. 처음에는 잔과 스팀피처 사이에 적당히 거리를 두고 가는 줄기로 우유만 따라서 크레마를 안정화시킨다. 그런 다음 잔의 7부까지 우유가 채워지면 스팀피처를 커피 가까이로 살짝 내려 우유거품 위주로 따른다.

ICE CAFE LATTE

아이스 카페 라떼

SIZE

13oz

INGREDIENTS

얼음 적당히
우유 적당히
에스프레소 2샷

RECIPE

1. 유리잔에 얼음을 가득 담는다.
2. 우유를 잔의 9부까지 붓는다.
3. 에스프레소를 붓는다.

CAPPUCCINO

카푸치노

에스프레소와 더불어 가장 기본이 되는 커피메뉴 중 하나다. 에스프레소와 우유가 만났다는 점에선 카페라떼와 유사하지만 우유거품의 상태나 에스프레소와 우유의 비율 등 여러 면에서 차이가 있다. 카푸치노용 잔의 용량은 대개 *150~180ml*이다.

TIP 웻*Wet* 카푸치노와 드라이*Dry* 카푸치노

우리가 시중에서 접하는 카푸치노의 우유거품은 크게 웻 폼과 드라이 폼으로 나뉜다. 웻 폼은 우유와 거품이 혼합된 상태로, 크림같이 부드러운 질감이 느껴진다. 반면 드라이 폼은 우유와 거품이 분리된 상태를 이야기한다.

WET CAPPUCCINO

웻 카푸치노

SIZE	INGREDIENTS
6oz	에스프레소 1샷 우유 250ml

RECIPE

1. 잔에 에스프레소를 붓는다. 커피머신의 드립 트레이와 포타필터 스파웃 사이 간격이 충분하다면 잔을 드립 트레이에 올려서 바로 에스프레소를 받아도 된다.

2. 스팀피처에 우유를 넣고 스티밍한다. 카푸치노는 카페 라떼에 비해 우유거품이 많기 때문에 공기 주입과 롤링을 능숙하게 조절할 수 있도록 연습하는 것이 중요하다.

3. ①에 스티밍한 우유를 붓는다. 스티밍한 우유는 시간이 흐를수록 우유층과 거품층이 서서히 분리되기 때문에 스티밍을 하자마자 바로 메뉴를 만드는 것이 바람직하다. 또한 우유를 따르기 직전까지 스팀피처를 흔들며 충분히 롤링해주는 것이 좋다. 만약 스티밍 중에 우유거품이 과도하게 생겼다면 서브 스팀피처에 일정량의 우유거품을 덜어낸 다음 사용하도록 한다.

DRY CAPPUCCINO

드라이 카푸치노

SIZE	INGREDIENTS
6oz	에스프레소 1샷 우유 250ml

RECIPE

1. 잔에 에스프레소를 붓는다. 커피머신의 드립 트레이와 포타필터 스파웃 사이 간격이 충분하다면 잔을 드립 트레이에 올려서 바로 에스프레소를 받아도 된다.

2. 스팀피처에 우유를 넣고 스티밍한다. 공기 주입을 늘려서 풍성한 우유거품을 만들되, 롤링에도 신경 써서 입자를 곱게 한다.

3. ①에 스티밍한 우유를 잔의 9부까지 붓는다. 이때 바 스푼으로 우유거품은 걸어낸다.

4. 바 스푼으로 우유거품을 떠서 올린다. 우유거품이 봉긋하게 올라올 수 있도록 풍성하게 담는다.

ICE CAPPUCCINO
아이스 카푸치노

SIZE	INGREDIENTS
13oz	우유 300ml 얼음 적당히 에스프레소 1샷

RECIPE

1. 거품기로 우유거품을 만든다. 거품기가 없다면 프렌치프레스를 활용해도 괜찮다. 아니면 스티밍을 하는데, 아이스 메뉴에 들어가는 만큼 온도가 많이 올라가지 않게 스티밍을 되도록 짧은 시간에 마친다.

2. 유리잔에 얼음을 가득 담는다.

3. 우유를 잔의 7부까지 붓는다.

4. 에스프레소를 붓는다.

5. 바 스푼으로 우유거품을 떠서 올린다.

ESPRESSO MACCHIATO

에스프레소 마끼아또

'점을 찍다'라는 말에서 유래된 마끼아또는 점을 찍듯 에스프레소 위에 우유거품을 올린 커피메뉴다. 대중적으로 인기가 높은 캐러멜 마끼아또와 혼동될 수 있지만 이는 에스프레소 마끼아또의 응용 버전이다. 에스프레소의 묵직함과 부드러운 우유거품이 잘 어우러지는 음료다.

TIP 바 스푼이 없다면
카푸치노를 만들듯이 스팀피처에 담긴 우유를 바로 잔에 부어도 된다. 하지만 이 경우 거품과 함께 우유가 약간 들어가게 된다.

SIZE
2oz

INGREDIENTS
에스프레소 1샷
우유 200ml

RECIPE

1. 잔에 에스프레소를 붓는다. 커피머신의 드립 트레이와 포타필터 스파웃 사이 간격이 충분하다면 잔을 드립 트레이에 올려서 바로 에스프레소를 받아도 된다.

2. 스팀피처에 우유를 넣고 스티밍한다. 이때는 작은 크기의 스팀피처를 사용하는 것이 좋다.

3. ①에 바 스푼으로 우유거품을 떠서 올린다. 에스프레소의 크레마가 살짝 덮이는 정도면 된다.

SHAKERRATO

샤커레토

SIZE
13oz

INGREDIENTS
얼음 적당히
에스프레소 2샷

RECIPE

1. 셰이커에 얼음을 7부 정도 담는다.

2. 에스프레소를 붓고 충분히 흔든다. 큰 사이즈의 셰이커는 두 손으로, 작은 사이즈의 셰이커는 한 손으로 쥔다.

3. 스트레이너를 이용해서 얼음을 걸러내고 커피만 잔에 붓는다. 셰이커 입구가 스트레이너로 돼있으면 그냥 부어도 된다. 완성된 샤커레토를 얼음이 담긴 잔에 담아도 되는데, 이 경우 시간이 지나면 맛이 연해질 수 있다는 점을 염두에 두자.

샤커레토는 '흔들다'는 뜻을 지닌 커피메뉴로, 에스프레소를 얼음에 섞어 차갑게 만든 음료다. 셰이커에 에스프레소와 얼음을 넣고 흔드는 과정에서 크레마의 거품이 풍성해져 시각적인 효과가 뛰어나며, 폭신폭신한 거품과 특유의 청량감이 독특한 식감을 만들어낸다.

TIP 기호에 따라서 시럽 추가

각자 취향에 맞춰 시럽을 더해도 된다. 시럽을 첨가하면 단맛이 증가하고 거품이 오래 지속되는 효과도 있다.

03

REQUIRED
SUB INGREDIENTS

부재료를 사용하는
커피메뉴

시럽, 소스 등 향미가 강한 부재료를 넣은 음료는 커피의 색깔을 잃지 않으면서도 맛의 밸런스를 유지하기 위해 다쵸 블랜드를 사용했다.

Blend	다쵸 (브라질 펄프드 내추럴 + 에티오피아 내추럴)
Tasting Note	초콜릿, 감귤, 다크 초콜릿, 시나몬 *Body* ★★★★☆ *Acidity* ★★★☆☆ *Sweetness* ★★★☆☆ *Balance* ★★★★★

모카는 예멘Yemen에서 생산되는 커피에 붙는 명칭이자 초콜릿을 뜻하는 말이기도 하다. 레시피에는 에스프레소, 우유, 초콜릿 소스, 초코 파우더 등이 들어간다. 때문에 에스프레소 자체가 부담스러운 사람도 편하게 마실 수 있다. 바디가 좋은 커피를 사용하면 초콜릿의 감칠맛이 더 살아난다.

TIP 카페 모카에 크림 더하기

완성된 카페 모카 위에는 휘핑한 크림을 올려도 되는데, 이때는 레시피에서 초코 파우더를 생략하는 편이 맛이 지나치게 달지 않고 적절하다. 원하면 초콜릿 소스를 뿌려서 장식해도 된다.

SIZE
13oz

INGREDIENTS
초콜릿 소스 30ml
에스프레소 1샷
초코 파우더 적당히
우유 300ml

RECIPE

1. 잔에 초콜릿 소스를 붓는다.

2. 에스프레소를 붓고 소스가 다 녹을 때까지 바 스푼으로 잘 섞는다. 충분히 섞지 않으면 잔 바닥에 소스가 남고 음료를 마실 때 초콜릿 맛을 온전히 느낄 수 없다.

3. 초코 파우더를 뿌린다.

4. 스팀피처에 우유를 넣고 스티밍한다.

5. ③에 스티밍한 우유를 붓는다. 초콜릿 소스와 섞은 에스프레소는 오일리한 성질이 강해져서 우유거품이 쉽게 미끄러지기 때문에 우유는 되도록 천천히 따르는 것이 좋다.

ICE CAFE MOCHA

아이스 카페 모카

SIZE	INGREDIENTS
13oz	초콜릿 소스 30ml 에스프레소 1샷 얼음 적당히 우유 적당히

RECIPE

1. 작은 잔에 초콜릿 소스를 붓는다.
2. 에스프레소를 붓고 소스가 다 녹을 때까지 바 스푼으로 잘 섞는다.
3. 유리잔에 얼음을 가득 담는다.
4. 우유를 잔의 8부까지 붓는다.
5. ②를 붓는다.

Required Sub Ingredients

ESPRESSO CON PANNA

에스프레소 콘 파냐

이탈리아어로 콘은 '~와 함께', 파냐는 '크림'을 뜻한다. 에스프레소 콘 파냐는 말 그대로 에스프레소에 크림을 곁들인 커피메뉴로, 두 가지 재료가 달콤 쌉싸름하게 어우러져서 에스프레소를 거부감 없이 맛있게 즐길 수 있다. 설탕을 넣은 것보다 훨씬 부드럽고 담백한 단맛이 나는 것이 장점이다.

TIP 액체 타입의 크림도 좋다

보통은 휘핑 단계를 거친 단단한 크림을 올려서 손님이 스푼으로 떠먹을 수 있게 제공하지만 액체 타입의 크림을 살짝 거품기로 쳐서 부은 뒤 에스프레소와 함께 마시기도 한다.

SIZE
2oz

INGREDIENTS
에스프레소 1샷
크림 적당히

RECIPE
1. 잔에 에스프레소를 붓는다. 커피머신의 드립 트레이와 포타필터 스파웃 사이 간격이 충분하다면 잔을 드립 트레이에 올려서 바로 에스프레소를 받아도 된다.

2. 휘핑한 크림을 올린다.

VANILLA LATTE

바닐라 라떼

평범한 카페 라떼에 바닐라 빈의 은은한 향과 달콤한 맛을 더한 음료다. 누구나 좋아하는 바닐라 맛의 인기에 힘입어 대중적인 커피메뉴로 자리를 잡았다.

SIZE
13oz

INGREDIENTS
바닐라 시럽 15ml
에스프레소 1샷
우유 300ml

RECIPE

1. 잔에 바닐라 시럽을 붓는다. 단맛을 높이고 싶다면 시럽 용량을 늘려도 된다.
2. 에스프레소를 붓는다.
3. 스팀피처에 우유를 넣고 스티밍한다.
4. ①에 스티밍한 우유를 붓는다. 이때 우유거품의 두께는 카페 라떼와 같은 수준으로 맞춘다.

ICE VANILLA LATTE
아이스 바닐라 라떼

SIZE	INGREDIENTS
13oz	바닐라 시럽 15ml
	우유 적당히
	얼음 적당히
	에스프레소 1샷

RECIPE

1. 유리잔에 바닐라 시럽을 붓는다. 단맛을 높이고 싶다면 시럽 용량을 늘려도 된다.
2. 우유를 약간만 붓고 시럽이 다 녹을 때까지 바 스푼으로 잘 섞는다.
3. 얼음을 가득 담는다.
4. 우유를 잔의 9부까지 붓는다.
5. 에스프레소를 붓는다.

COFFEE MENU

CARAMEL LATTE MACCHIATO

캐러멜 라떼 마끼아또

캐러멜 라떼 마끼아또는 에스프레소 마끼아또에 캐러멜 향과 단맛을 더한 메뉴다. 첫 모금에서는 우유 거품의 부드러운 감촉이 느껴지며, 감미로운 캐러멜 풍미와 이어지는 커피의 씁쓸한 맛이 인상적이다.

SIZE
13oz

INGREDIENTS
캐러멜 시럽 15ml
우유 300ml
에스프레소 1샷

RECIPE

1. 잔에 캐러멜 시럽을 붓는다. 단맛을 높이고 싶다면 시럽 용량을 늘려도 된다.
2. 스팀피처에 우유를 넣고 스티밍한다.
3. ①에 스티밍한 우유를 붓는다.
4. 에스프레소를 점을 찍듯이 우유거품 위에 붓는다.
5. 원하면 캐러멜 소스를 위에 드리즐한 후 에칭 펜으로 한 바퀴 돌려서 그림을 그려도 좋다.

ICE CARAMEL LATTE MACCHIATO

아이스 캐러멜 라떼 마끼아또

SIZE
13oz

INGREDIENTS
캐러멜 시럽 15ml
우유 적당히
얼음 적당히
에스프레소 1샷

RECIPE

1. 유리잔에 캐러멜 시럽을 붓는다. 단맛을 높이고 싶다면 시럽 용량을 늘려도 된다.

2. 우유를 약간만 붓고 시럽이 다 녹을 때까지 바 스푼으로 잘 섞는다.

3. 거품기로 우유거품을 만든다. 거품기가 없다면 프렌치프레스를 활용해도 괜찮다. 아니면 스티밍을 하는데, 아이스 메뉴에 들어가는 만큼 온도가 많이 올라가지 않게 스티밍을 되도록 짧은 시간에 마친다.

4. 얼음을 가득 담는다.

5. 우유를 잔의 7부까지 붓는다.

6. 바 스푼으로 잔의 9부까지 우유거품을 떠서 올린다.

7. 에스프레소를 점을 찍듯이 우유거품 위에 붓는다.

COFFEE MENU

04

SPECIAL FEATURE
BY COUNTRY

나라별 특색 있는
커피메뉴

나라별 특색 있는 커피메뉴는 커피 본연의 맛을 살리는 데 중점을 두는 음료가 많기 때문에 상대적으로 느낌이 밝고 개성이 강한 탠저린 블랜드를 사용해 레시피를 만들었다.

Blend	탠저린 (에티오피아 워시드 + 에티오피아 내추럴)
Tasting Note	감귤, 재스민, 꿀, 체리, 아카시아 *Body* ★★★☆☆ *Acidity* ★★★★☆ *Sweetness* ★★★★★ *Balance* ★★★★☆

FLAT WHITE
플랫 화이트

SIZE	INGREDIENTS
5oz	에스프레소 2샷 우유 200ml

플랫 화이트는 호주와 뉴질랜드를 위주로 대중적인 인기를 얻고 있는 메뉴다. 기본적으로는 우유와 에스프레소를 혼합한 커피메뉴며, 카페 라떼와 아주 흡사하지만 보통은 카페 라떼에 비해 에스프레소의 비중이 크고 우유거품이 적다는 것이 특징이다. 플랫 화이트라는 이름도 우유거품이 적어 표면이 평평해 보인다고 해서 붙었으며, 전체적으로 우유보다 커피 맛이 선명하다.

RECIPE

1. 잔에 에스프레소를 붓는다. 커피머신의 드립 트레이와 포타필터 스파웃 사이 간격이 충분하다면 잔을 드립 트레이에 올려서 바로 에스프레소를 받아도 된다.

2. 스팀피처에 우유를 넣고 스티밍한다. 플랫 화이트는 카페 라떼에 비해 우유거품이 적기 때문에 공기 주입은 줄이고 롤링은 늘리는 것이 좋다.

3. ①에 스티밍한 우유를 붓는다.

4. 바 스푼으로 우유거품을 떠서 올린다.

CORTADO

콜타도

SIZE	INGREDIENTS
5oz	에스프레소 1샷 우유 200ml

'자르다'라는 뜻의 스페인어에서 유래한 이 음료는 에스프레소에 적은 양의 스팀우유를 따르는 커피메뉴로, 에스프레소 마끼아또와 비슷한 모습이지만 그보다 우유 양이 딱 2배 더 많다. 에스프레소와 스팀우유의 층이 마치 칼로 갈라놓은 것처럼 확연히 나뉘어져 있다. 다른 커피메뉴에 비해 에스프레소의 비중이 높기 때문에 커피 맛을 풍부하게 느낄 수 있고, 입안에도 오랜 여운이 남는다.

RECIPE

1. 잔에 에스프레소를 붓는다. 커피머신의 드립 트레이와 포타필터 스파웃 사이 간격이 충분하다면 잔을 드립 트레이에 올려서 바로 에스프레소를 받아도 된다.

2. 스팀피처에 우유를 넣고 스티밍한다. 이때는 작은 크기의 스팀피처를 사용하는 것이 좋다.

3. ①에 스티밍한 우유를 *60ml*만 붓는다. 이때 에스프레소와 우유의 비율은 *1:2*로 지키고 우유거품의 두께는 카페 라떼와 같은 수준으로 맞춘다.

GALAO

갈라오

포르투갈 사람들이 즐겨 마시는 갈라오는 언뜻 보기에 콜타도와 유사하나 우유 양이 조금 더 많다. 때문에 콜타도보다 연하고 부드러운 맛이 특징이다.

SIZE
5oz

INGREDIENTS
에스프레소 1샷
우유 200ml

RECIPE

1. 잔에 에스프레소를 붓는다. 커피머신의 드립 트레이와 포타필터 스파웃 사이 간격이 충분하다면 잔을 드립 트레이에 올려서 바로 에스프레소를 받아도 된다.

2. 스팀피처에 우유를 넣고 스티밍한다. 이때는 작은 크기의 스팀피처를 사용하는 것이 좋다.

3. ①에 스티밍한 우유를 *100ml* 정도 붓는다. 이때 우유거품의 두께는 카페 라떼와 같은 수준으로 맞춘다.

CAFE BONBON

카페 봉봉

SIZE	INGREDIENTS
2oz	연유 30ml
	에스프레소 1샷

RECIPE

1. 잔에 연유를 붓는다.
2. 에스프레소를 붓는다. 커피머신의 드립 트레이와 포타필터 스파웃 사이 간격이 충분하다면 잔을 드립 트레이에 올려서 바로 에스프레소를 받아도 된다. 또한 에스프레소와 연유의 비율은 1:1로 정도로 맞추고, 취향에 따라서 연유 용량을 늘려도 된다.

카페 봉봉은 본래 스페인 발렌시아에서 시작됐지만 지금은 말레이시아, 타이완, 싱가포르 등의 여러 아시아 국가에서 '코피 수수 파나스 *Kopi Susu Panas*'나 '카페 론 *Kafe Ron*'이라는 이름으로 만날 수 있다. 한 가지 차이점은 카페 봉봉이 연유와 에스프레소를 활용한 레시피인 반면에 다른 지역에서는 침출식으로 내린 커피가 들어간다는 점이다. 카페 봉봉은 에스프레소와 연유가 층을 이루고 있어서 시각적으로도 효과가 좋으며, 재료들 간에 맛의 조화가 돋보인다.

VIENNA COFFEE

비엔나 커피

명실공히 오스트리아를 대표하는 비엔나 커피는 진한 커피에 차가운 크림을 올린 것이다. 커피와 크림을 섞지 않고 그대로 마시면 따뜻한 커피 사이로 전해지는 크림의 부드러운 촉감과 은근한 단맛을 더 느낄 수 있다.

SIZE
8oz

INGREDIENTS
에스프레소 2샷
뜨거운 물 100ml
크림 적당히

RECIPE
1. 잔에 에스프레소를 붓는다.
2. 뜨거운 물을 붓는다.
3. 휘핑한 크림을 올린다.

COFFEE SHOT

커피 샷

SIZE
12oz

INGREDIENTS
분쇄원두 18g
*분쇄도는 핸드드립
뜨거운 물 320g

커피 샷은 2013년도 월드 바리스타 챔피언십 World Barista Championship, WBC에서 호주 출신의 한 선수가 선보인 시그니처 메뉴로, 현재 미국과 유럽 등지의 카페에서 판매되고 있다. 핸드드립용으로 분쇄한 원두를 커피머신으로 추출했으며, 커피의 단맛과 밸런스에 초점을 맞췄다.

RECIPE

1. 분쇄원두를 포타필터에 담고 커피머신을 이용해 약 45초 동안 320g의 에스프레소를 추출한다. 에스프레소의 TDS는 1.35%, 추출수율은 23~24% 정도로 맞춘다. 필터 바스켓을 VST로 교체하면 추출수율을 높이는 데 도움이 된다.

TIP 더 깔끔한 맛을 내고 싶다면

추출한 커피를 종이필터에 한 번 더 거르면 한층 깔끔한 커피를 마실 수 있다.

COFFEE MENU

CAFE CON MIEL

카페 콘 미엘

'꿀'이라는 의미의 프랑스어 미엘이 이름에 들어있듯이 이번 커피메뉴는 꿀과 커피가 만난 음료다. 이 책에서는 시나몬 파우더를 첨가해 기존의 레시피에 향긋함을 더했다.

SIZE
2oz

INGREDIENTS
꿀 15ml
에스프레소 1샷
우유 200ml
시나몬 파우더 적당히

RECIPE

1. 잔에 꿀을 붓는다.

2. 에스프레소를 붓는다. 커피머신의 드립 트레이와 포타필터 스파웃 사이 간격이 충분하다면 잔을 드립 트레이에 올려서 바로 에스프레소를 받아도 된다.

3. 스팀피처에 우유를 넣고 스티밍한다. 이때는 작은 크기의 스팀피처를 사용하는 것이 좋다. 카페 콘 미엘은 카페 라떼에 비해 우유거품이 적기 때문에 공기 주입은 줄이고 롤링은 늘리는 것이 좋다.

4. ②에 스티밍한 우유를 절반만 붓는다. 이때 에스프레소와 우유의 비율은 1:1 정도로 맞춘다.

5. 시나몬 파우더를 뿌린다.

COFFEE MENU

05

BEVERAGE

베버리지 메뉴

일반적으로 베버리지는 커피를 넣지 않은 논커피 *non-coffee* 메뉴를 가리키지만 이 책에서는 커피가 들어간 응용 메뉴도 일부 소개한다.

GREEN TEA PRESSO

그린티 프레소

향이 강한 녹차와 에스프레소가 만난 음료인 만큼 커피라는 것을 확연하게 느낄 수 있게 먹구름 블랜드를 사용했다. 카페에서 가장 인기 있는 베버리지 메뉴인 그린티 라떼는 녹차 파우더에 우유를 섞은 음료로, 그린티 프레소는 여기에 에스프레소를 넣어 개성을 더했다. 녹차의 쌉쌀한 풍미, 에스프레소의 단맛과 산미가 균형을 이룬다.

| Blend | 먹구름 (브라질 펄프드 내추럴 + 케냐 워시드) |

Tasting Note
- 딸기, 블랙커런트, 라임, 청포도, 시럽
- Body ★★★★☆
- Acidity ★★★☆☆
- Sweetness ★★★★☆
- Balance ★★★★☆

SIZE
10oz

INGREDIENTS
녹차 파우더 20g
우유 250ml
에스프레소 1샷

RECIPE

1. 스팀피처에 녹차 파우더와 우유를 넣고 스티밍한다.

2. 잔에 ①을 붓는다. 이때 우유거품의 두께는 카페 라떼와 같은 수준으로 맞춘다.

3. 에스프레소를 점을 찍듯이 우유거품 위에 붓는다.

COFFEE MENU

MOCHA BLENDER

모카 블렌더

모카 블렌더는 진한 초콜릿 맛이 특징인 아이스 블렌디드 음료이기 때문에 커피의 특징을 살리는 동시에 바디와 단맛을 높이기 위해서 다쵸 블랜드를 사용했다. 밀크 초콜릿 같이 부드러운 단맛이 느껴지며, 얼음을 갈아서 만들었기 때문에 시원하고 청량감 있는 애프터 테이스트가 두드러진다.

Blend	다쵸 (브라질 펄프드 내추럴 + 에티오피아 내추럴)
Tasting Note	초콜릿, 감귤, 다크 초콜릿, 시나몬 *Body* ★★★★☆ *Acidity* ★★★☆☆ *Sweetness* ★★★☆☆ *Balance* ★★★★★

SIZE
13oz

INGREDIENTS
우유 250ml
초코 파우더 30g
얼음 10개
에스프레소 1샷
초콜릿 소스 적당히

RECIPE

1. 블렌더에 우유, 초코 파우더, 얼음, 에스프레소를 넣고 갈아준다.

2. 유리잔을 돌려가며 안쪽에 초콜릿 소스를 드리즐한다.

3. ①을 넣고 원두를 올려 장식한다.

EARL GREY AMERICANO

얼그레이 아메리카노

에스프레소에 얼그레이 티를 희석해 향을 강조한 음료다. 레시피에는 얼그레이 향과 어울리는 탠저린 블랜드를 썼으며, 감귤류의 화사한 향과 베리류의 달콤한 맛이 얼그레이와 훌륭한 조화를 이룬다.

Blend	탠저린 (에티오피아 워시드 + 에티오피아 내추럴)

감귤, 재스민, 꿀, 체리, 아카시아

Tasting Note
- Body ★★★☆☆
- Acidity ★★★★☆
- Sweetness ★★★★★
- Balance ★★★★☆

SIZE
10oz

INGREDIENTS
얼그레이 티백 1개
* 또는 얼그레이 찻잎 2g
뜨거운 물 적당히
에스프레소 1샷

RECIPE

1. 얼그레이 티백을 뜨거운 물에 2분간 우린다. 우리는 시간이 길어지거나 찻잎의 양이 많으면 쓰고 떫은맛이 난다.

2. 얼그레이 티를 잔의 8부까지 붓는다.

3. 에스프레소를 붓는다.

06

COFFEE COCKTAIL

커피 칵테일 메뉴

술의 세계도 커피만큼 굉장히 넓다. 커피와 알코올, 왠지 어울리지 않을 것 같은 이 두 가지 재료의 만남이 때로는 큰 시너지 효과를 내기도 한다. 국적을 불문하고 높은 인기를 누리고 있는 아이리시 커피가 대표적인 커피 칵테일 메뉴. 술과 커피 모두 독자적인 향미를 지니고 있기 때문에 알맞은 조합만 찾으면 매력적인 음료로 변신한다.

IRISH COFFEE

아이리시 커피

SIZE	INGREDIENTS
8oz	아이리시 위스키 30ml 갈색설탕 5g 브루잉 커피 180ml 크림 적당히

아이리시 위스키와 브루잉 커피를 혼합한 메뉴로, 먹구름 블랜드를 사용해 위스키의 몰트 향과 커피가 지닌 단맛의 균형을 맞췄다. 크림의 산뜻한 단맛과 그 뒤에 이어지는 위스키의 고소하고 스모키한 향, 묵직한 바디를 즐겨보자.

Blend	먹구름 (브라질 펄프드 내추럴 + 케냐 워시드)
Tasting Note	딸기, 블랙커런트, 라임, 청포도, 시럽 Body ★★★★☆ Acidity ★★★☆☆ Sweetness ★★★★☆ Balance ★★★★☆

RECIPE

1. 스팀피처에 아이리시 위스키를 넣고 스팀을 가한다. 위스키의 알코올을 증발시키는 동시에 위스키 특유의 향을 살리는 과정으로, 이렇게 하면 커피와의 밸런스가 한결 좋아진다.

2. 잔에 ①과 갈색설탕을 넣고 바 스푼으로 잘 섞는다. 아이리시 커피 전용 잔을 쓰면 더 좋다.

3. 브루잉 커피를 내린다. 에스프레소는 크레마 때문에 크림을 올리면 얼룩이 진다. 브루잉 커피를 사용해야 색깔이 더욱 선명히 구분된다.

4. 크림을 가득 올린다.

CAFE ROYAL

카페 로얄

SIZE	INGREDIENTS
8oz	브루잉 커피 200ml 브랜디 5ml 각설탕 1개

카페 로얄은 브랜디와 커피를 혼합한 메뉴다. 브랜디는 포도주를 증류시켜서 만든 술로, 알코올 도수는 높지만 워낙에 향이 좋아서 커피와도 잘 어울린다. 이 책에서는 화려한 향미의 탠저린 블랜드를 사용해 달콤한 브랜디와 밸런스를 맞췄다. 브랜디에 한 번 열을 가하기 때문에 알코올이 일정량 증발하여 거부감이 크지 않고, 목 넘김도 좋은 편이다.

RECIPE

1. 잔에 브루잉 커피를 붓는다. 아메리카노를 넣어도 되지만 브루잉 커피를 넣어야 향이 더욱 살아난다.

2. 티스푼에 브랜디와 각설탕을 올리고 불을 붙인다. 불이 잘 붙지 않을 때는 티스푼을 살짝 데워주는 것이 좋다.

3. 각설탕이 다 녹고 불꽃이 잦아들면 티스푼을 잔에 담가서 잘 젓는다.

Blend	탠저린 (에티오피아 워시드 + 에티오피아 내추럴)
Tasting Note	감귤, 재스민, 꿀, 체리, 아카시아 Body ★★★☆☆ Acidity ★★★★☆ Sweetness ★★★★★ Balance ★★★★☆

COFFEE MENU

LATTE MARTINI

라떼 마티니

라떼 마티니는 에스프레소에 우유와 보드카를 혼합해 마티니 잔에 따라서 제공하는 대표적인 커피 칵테일 메뉴다. 이 책에서는 보드카의 씁쓸한 맛과 조화를 이룰 수 있게 단맛이 돋보이는 탠저린 블랜드를 사용했다. 라떼 마티니는 꿀을 연상시키는 은근한 단맛과 매끈한 윤기가 돌며, 보드카의 깊은 맛과 셰이킹이 만들어낸 부드러운 촉감이 특징이다.

Blend	탠저린 (에티오피아 워시드 + 에티오피아 내추럴)
Tasting Note	감귤, 재스민, 꿀, 체리, 아카시아 Body ★★★☆☆ Acidity ★★★★☆ Sweetness ★★★★★ Balance ★★★★☆

SIZE
8oz

INGREDIENTS
얼음 적당히   크림 30ml
에스프레소 1샷 보드카 30ml
우유 50ml   설탕 시럽 15ml

RECIPE

1. 셰이커에 얼음을 5부 정도 담는다.

2. 에스프레소, 우유, 크림, 보드카, 설탕 시럽을 넣고 충분히 흔든다. 거품의 질에 따라서 식감이 달라지기 때문에 최대한 부드러운 거품을 내야 한다. 크림을 넣은 것은 바디를 높이고 담백함을 살리기 위해서다.

3. 스트레이너를 이용해서 얼음은 걸러내고 커피만 잔에 붓는다. 이때 셰이커 입구에 장착된 스트레이너 이외에 스트레이너를 한 번 더 걸쳐서 따르면 크기가 큰 거품이 제거되어 훨씬 부드러운 촉감을 느낄 수 있다. 마티니 전용 잔을 쓰면 더 좋다.

4. 초콜릿 소스나 초코 파우더를 뿌려 장식한다.

ESPRESSO CON BIRA

에스프레소 콘 비라

이탈리아로 비라는 '맥주'라는 뜻이며, 에스프레소 콘 비라는 에스프레소와 맥주를 섞어 만든 메뉴다. 맥주의 강한 향미와 조화를 이루기 위해서 다쵸 블랜드를 사용했다. 묵직한 바디, 씁쓸한 여운, 견과류의 고소함이 흑맥주를 마시는 듯한 기분이 든다.

Blend	다쵸 (브라질 펄프드 내추럴 + 에티오피아 내추럴)
Tasting Note	초콜릿, 감귤, 다크 초콜릿, 시나몬 Body ★★★★☆ Acidity ★★★☆☆ Sweetness ★★★☆☆ Balance ★★★★★

SIZE
13oz

INGREDIENTS
맥주 300ml
에스프레소 1샷

RECIPE

1. 유리잔에 맥주를 붓는다. 이때는 최대한 거품이 생기지 않게 따르는 것이 중요하다. 이미 거품이 있는 상태에서 에스프레소를 부으면 크레마의 거품이 올라오지 않고 에스프레소가 바로 맥주에 스미기 때문이다.

2. 에스프레소를 붓는다. 에스프레소는 추출한 후 가급적 빨리 부어야 한다. 음료를 시원하게 마시고 싶다면 냉각한 에스프레소를 부어도 괜찮다. 하지만 에스프레소의 풍미가 사라져 맛이 떨어질 수도 있다는 점을 감안하자.

3. 거품이 순식간에 가라앉기 때문에 에스프레소를 붓자마자 바로 마셔야 한다. 아니면 맥주와 에스프레소를 따로 제공해도 된다.

KAHLUA
COFFEE

깔루아 커피

깔루아는 커피를 원료로 한 리큐르로, 커피와의 궁합이 좋은 편이다. 레시피 자체는 아이리시 커피와 유사하나 이번에는 다쵸 블랜드를 사용하여 깔루아의 달콤한 향미와 적절하게 어울린다. 깔루아 커피는 특히 식후에 가볍게 마실 만한 커피 칵테일로, 깔루아와 커피의 바디가 돋보이며, 크림의 감미로운 풍미와 애프터 테이스트의 캐러멜 향이 좋다.

| Blend | 다쵸 (브라질 펄프드 내추럴 + 에티오피아 내추럴) |

초콜릿, 감귤, 다크 초콜릿, 시나몬

Tasting Note
- Body ★★★★☆
- Acidity ★★★☆☆
- Sweetness ★★★☆☆
- Balance ★★★★★

SIZE
8oz

INGREDIENTS
깔루아 30ml
갈색설탕 5g
브루잉 커피 180ml
크림 적당히

RECIPE

1. 스팀피처에 깔루아를 넣고 스팀을 가한다. 깔루아의 알코올을 증발시키는 동시에 깔루아 특유의 향을 살리는 과정으로, 이렇게 하면 커피와의 밸런스가 한결 좋아진다.

2. 잔에 ①과 갈색설탕을 넣고 바 스푼으로 잘 섞는다. 단맛을 줄이고 싶다면 갈색설탕을 생략해도 된다.

3. 브루잉 커피를 내린다. 에스프레소는 크레마 때문에 크림을 올리면 얼룩이 진다. 브루잉 커피를 사용해야 색깔이 더욱 선명히 구분된다.

4. 크림을 가득 올린다. 이때는 무가당 크림을 사용하는 편이 맛의 밸런스를 맞추는 데 도움이 된다. 가당 크림을 쓰면 단맛이 많이 올라와 자칫 느끼할 수 있다.

COFFEE MENU

07
SECRET MENU

시크릿 메뉴

시크릿 메뉴에서는 어떻게 하면 한정된 재료와 뻔한 활용 방법을 극복하고
새로운 창작 메뉴를 만들 수 있는지 그 힌트를 제시해보고자 한다.
창작 메뉴라고 하면 무조건 어렵게만 느끼기도 하는데 사실 조금만
아이디어를 고민해 보면 손쉽게 구할 수 있는 익숙한 재료로도 얼마든지
특별한 메뉴를 만들 수 있다. 창작 메뉴의 핵심인 재료들 간의 조화에
중점을 두고 다음의 레시피를 살펴보자.

COOL SIX

쿨 식스

SIZE	INGREDIENTS
13oz	얼음 적당히 에스프레소 4샷 패션 후르츠 시럽 30ml

RECIPE

쿨 식스는 에스프레소 4샷을 사용한 카페인 함량이 높은 메뉴로, 심신이 지쳤을 때 활력을 주는 음료다. 과일 시럽과의 밸런스를 고려하여 먹구름 블랜드를 사용했고, 베리류의 새콤함과 시트러스한 향이 어우러지며 청량감 있는 개운한 맛을 선사한다.

1. 셰이커에 얼음을 8부 정도 담는다.
2. 에스프레소, 패션 후르츠 시럽을 넣고 충분히 흔든다.
3. 셰이커 입구의 스트레이너를 제거하고 얼음까지 전부 유리잔에 붓는다.

Blend	먹구름 (브라질 펄프드 내추럴 + 케냐 워시드)
Tasting Note	딸기, 블랙커런트, 라임, 청포도, 시럽 Body ★★★★☆ Acidity ★★★☆☆ Sweetness ★★★★☆ Balance ★★★★☆

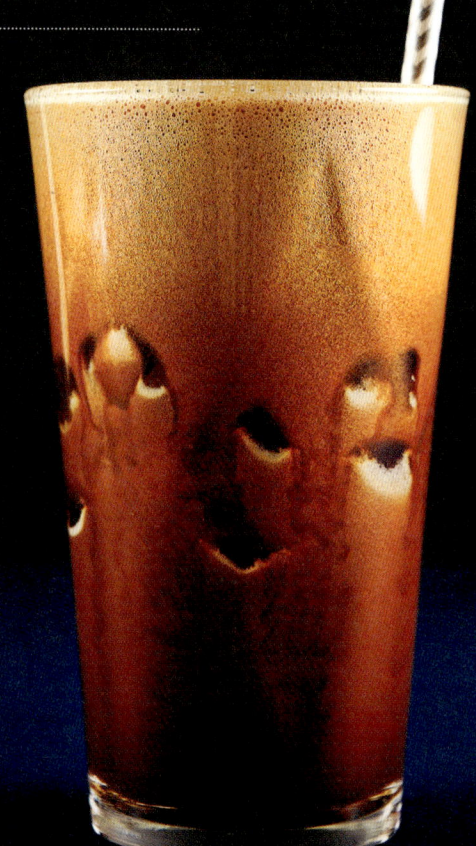

NEW EGGNOG

뉴 에그녹

SIZE	INGREDIENTS
8oz	크림 50ml
	달걀노른자 1개
	말리부 15ml
	깔루아 15ml
	에스프레소 2샷

RECIPE

칵테일 중 하나인 에그녹에서 영감을 받은 메뉴로, 커피에 커스타드 크림을 혼합한 것이다. 각 재료들이 빚어내는 부드러운 단맛과 담백한 뒷맛의 밸런스가 인상적이다.

1. 거품기로 크림과 달걀노른자를 골고루 섞는다.

2. 잔에 말리부와 깔루아를 붓는다.

3. 에스프레소를 넣고 바 스푼으로 잘 섞는다.

4. ①을 붓는다.

Blend	먹구름 (브라질 펄프드 내추럴 + 케냐 워시드)
Tasting Note	딸기, 블랙커런트, 라임, 청포도, 시럽
	Body ★★★★☆
	Acidity ★★★☆☆
	Sweetness ★★★★☆
	Balance ★★★★☆

AROMA MOCHA

아로마 모카

SIZE	INGREDIENTS
6oz	우유 100ml 크림 100ml 초코 파우더 30g 얼그레이 찻잎 2g

아로마 모카는 기존의 핫초콜릿보다 무게감 있는 초콜릿 음료로, 얼그레이 향을 입혀 오감을 동시에 만족시키는 특별한 메뉴다. 초콜릿 계열의 향미가 특징인 다쵸 블랜드를 사용하여 아로마 모카만의 색깔이 도드라질 수 있게 시너지 효과를 냈다.

RECIPE

1. 스팀피처에 우유, 크림, 초코 파우더를 넣는다.
2. 티백 주머니에 얼그레이 찻잎을 넣고 내용물이 잠길 정도로 스팀피처에 걸쳐놓는다.
3. ②를 스티밍한다. 내용물이 약간 끓어오를 때까지 스티밍해서 끈적한 질감을 낸다.
4. 잔에 붓고 초코 파우더를 뿌려 장식한다.

Blend 다쵸 (브라질 펄프드 내추럴 + 에티오피아 내추럴)

초콜릿, 감귤, 다크 초콜릿, 시나몬

Tasting Note
- *Body* ★★★★☆
- *Acidity* ★★★☆☆
- *Sweetness* ★★★☆☆
- *Balance* ★★★★★

DUTCH
BLACK&WHITE

더치 블랙&화이트

더치 블랙&화이트는 진한 더치커피 원액에 크림을 올린 커피메뉴다. 더치커피 특유의 풍부한 향이 달콤한 크림과 어우러지며 더할 나위 없이 완벽한 조화를 이룬다.

Blend	먹구름 (브라질 펄프드 내추럴 + 케냐 워시드)

Tasting Note		
	Body	★★★★☆
	Acidity	★★★☆☆
	Sweetness	★★★★☆
	Balance	★★★★☆

딸기, 블랙커런트, 라임, 청포도, 시럽

SIZE
8oz

INGREDIENTS
더치커피 170ml
설탕 시럽 15ml
크림 적당히

RECIPE

1. 더치커피를 내린다. 이 책에서 사용한 더치커피는 분쇄원두 *150g*, 물 *1,200ml* 를 기준으로 6시간 동안 내렸다.

2. 잔에 더치커피를 붓는다.

3. 설탕 시럽을 넣고 바 스푼으로 잘 섞는다.

4. 크림을 가득 올린다.

2010
SIGNATURE
MENU

2010 창작메뉴

SIZE INGREDIENTS

3oz 피치 시럽 10ml
블루베리 시럽 10ml
리스트레또 2샷

RECIPE

2010 창작메뉴는 완벽한 에스프레소를 즐길 수 있게 개발한 메뉴로, 탠저린 블랜드를 사용했다. 입안에 한 모금 머금었을 때 나는 열대과일의 새콤달콤한 향미와 씁쓸한 에스프레소의 조화가 매력적이다.

1. 잔에 피치 시럽과 블루베리 시럽을 붓는다. 이때 바 스푼을 뒤집은 후 그 위에 시럽을 부으면 층이 잘 만들어진다. 피치 시럽과 블루베리 시럽은 생과일을 직접 졸여서 만든 것으로 쓰면 더 좋다.

| Blend | 탠저린 (에티오피아 워시드 + 에티오피아 내추럴) |

감귤, 재스민, 꿀, 체리, 아카시아

| Tasting Note | Body ★★★☆☆
Acidity ★★★★☆
Sweetness ★★★★★
Balance ★★★★☆ |

2. 리스트레또 2샷을 바로 받는다.

3. 완성된 커피는 섞지 않고 한 번에 입안에 넣은 후 천천히 음미하며 마신다.

COFFEE MENU

에스프레소 바이블
에스프레소의 기본부터 실전까지

2014년 11월 17일 초판 1쇄 발행
2023년 4월 12일 초판 8쇄 발행

지은이 안재혁, 신창호
펴낸이 홍성대
편집 정성희, 신시내
사진 박수경
디자인 나래(GRAEY)

펴낸곳 아이비라인
출판등록 2001년 12월 27일 제311-2003-00049호
주소 (04321) 서울시 용산구 한강대로 295 남영빌딩 5층 506호
전화 (02) 388-5061 **팩스** (02) 388-9880
홈페이지 www.the-cup.co.kr

ISBN 978-89-94361-23-7 13590

· 이 책은 저작권법에 따라 보호받는 저작물이므로 무단 전재와 무단 복제를 금합니다.
· 이 도서의 국립중앙도서관 출판시도서목록(CIP)은 서지정보유통지원시스템 홈페이지(http://seoji.nl.go.kr)와 국가자료공동목록시스템(http://www.nl.go.kr/kolisnet)에서 이용하실 수 있습니다. (CIP제어번호: CIP2014031447)